소 소 한 즐 거 움 이 있 는 핸 드 메 이 드

처음 만드는 원피스&튜닉

Lady Boutique Series No.2836 HAJIMETE TSUKURU ONE - PIECE & TUNIC
Copyright ⓒ2009 by BOUTIQUE-SHA, INC.
All rights reserved.
Original Japanese edition published by BOUTIQUE-SHA, INC.
Korean translation rights ⓒ2011 by Happy Dream Publishing co.
Korean translation rights arranged with BOUTIQUE-SHA, INC. Tokyo
through EntersKorea Co., Ltd. Seoul, Korea

처음 만드는 원피스&튜닉

1판 1쇄 발행 2011년 7월 7일
1판 2쇄 발행 2012년 7월 27일

지은이 _ 구보타 쇼다이 외
옮긴이 _ 김현영
펴낸이 _ 정원정, 김자영
편집 _ 홍현숙
디자인 _ design86 김서형

펴낸곳 _ 즐거운상상
주소 _ 서울시 용산구 문배동 7-6 이안1차 102동 오피스 1003호
전화 _ 02-706-9452 팩스 _ 02-706-9458 / 전자우편 _ happywitches@naver.com
출판등록 _ 2001년 5월 7일
인쇄 _ 백산하이테크

ISBN 978-89-92109-79-6
ISBN 978-89-92109-69-7(세트)

소 소 한 즐 거 움 이 있 는 핸 드 메 이 드

처음 만드는 원피스&튜닉

my first handmade dress and tunic

A   to   Z

즐거운상상

Prologue

처음 옷을 만들어 보려는 이들을 위한 책입니다.

원피스와 튜닉은 입기도 편하고 만들기도 쉬워요.

옷감의 종류를 다르게 만들거나 레이어드를 잘하면 사계절 내내
예쁘게 입을 수 있어요.

쉬운 설명과 풍부한 사진, 친절한 일러스트로 구성되어 있어
누구라도 쉽게 따라할 수 있습니다.

내 손으로 내 마음에 쏙 드는 옷을 만들어 입는 즐거움,
함께 도전해 볼까요?

C.o.n.t.e.n.t.s

잔꽃무늬 캐미솔 _ 50

퍼프 소매 튜닉 _ 55

7부 소매 울 거즈 원피스 _ 56

꽃무늬 주름 원피스 _ 61

귀여운 시폰 주름 튜닉 _ 64

스퀘어 네크라인 튜닉 _ 67

데님 원피스 _ 68

블루 스퀘어 원피스 _ 69

사진 해설로 쉽고 자세하게 설명했어요

작품을 만들기 전에 알아두세요

바느질의 기초

7부 소매 심플 원피스

둥근 목선의 단정한 심플 원피스예요.
조금 도톰한 면마 혼방으로 만들어서 레이어드해서 입으면
가을과 겨울에도 입을 수 있어요.
허리끈을 활용하면 더욱 다양하게 연출할 수 있어요.

🐑 만든 이 : 구보타 쇼다이   🐑 만드는 법 : p.11
🐑 실물 크기의 옷본 수록

안에 옷을 받쳐
입거나 레깅스와
연출해 보세요.

면 레이스 반소매 원피스

깨끗하고 단아한 느낌의 면 레이스 원피스예요.
은은한 레이스 무늬가 사랑스럽지 않으세요?
다른 옷과 레이어드 해서 입어도 예뻐요.

만든 이 : 구보타 쇼다이 만드는 법 : p.11
실물 크기의 옷본 수록

2

체크 무늬 튜닉

원피스의 길이를 조금 줄여서 튜닉으
로 만들었어요. 흑백 체크 무늬의 면
마 혼방 옷감을 사용하면 단정하면서
도 경쾌한 분위기가 납니다.

🐛 만든 이 : 구보타 쇼다이　🐛 만드는 법 : p.11
🐛 실물 크기의 옷본 수록

3

재료		S	M	L
no.1 옷감 (면마 혼방)	110cm 폭	2m 60cm	2m 70cm	2m 80cm
no.2 옷감 (면 레이스)	95cm 폭	2m 40cm	2m 50cm	2m 60cm
no.3 옷감 (면마 혼방)	110cm 폭	1m 90cm	2m	2m 10cm
바이어스테이프	12.7mm 폭	70cm	70cm	70cm
● 완성 치수	no.1 · 2 전체 길이	94cm	98.5cm	102.5cm
	no.3 전체 길이	72.5cm	75.5cm	78.5cm
	가슴	92cm	98cm	104cm
	no.1 소매 길이	43.2cm	45.5cm	46.4cm
	no.2 · 3 소매 길이	22.2cm	23cm	23.6cm

no.1의 재료

❶ 옷감
❷ 바이어스테이프

· 실물 크기의 옷본은 B면의 no.1 · 2 · 3을 사용하세요.
· 끈은 시접을 두지 않고 마름질하세요.

no.1 · 2 · 3 옷본

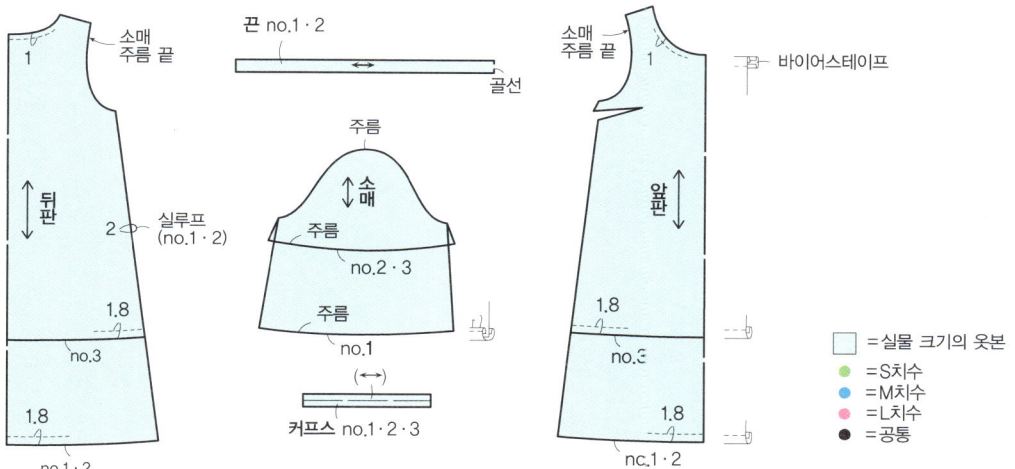

□ =실물 크기의 옷본
● =S치수
● =M치수
● =L치수
● =공통

no.1 옷감을 마름질하는 법

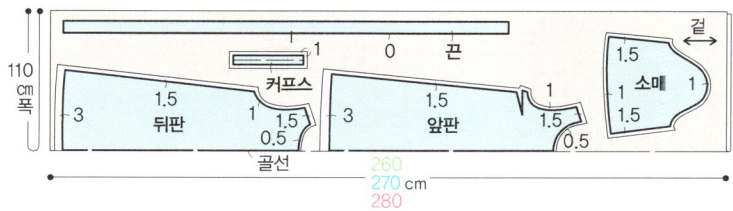

올 풀림 방지를 해주는 곳

no.2 · 3 옷감을 마름질하는 법

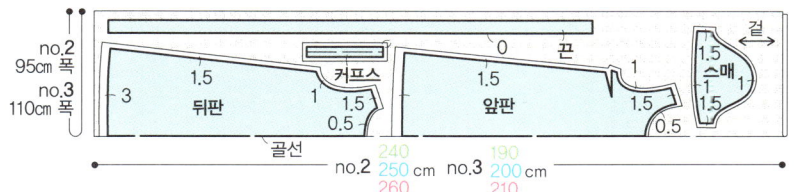

❦ no.1의 작품을 예로 들어 설명합니다.
❦ 사진에서는 알아보기 쉽게 눈에 띄는 실을 사용했지만, 실제로 옷을 만들 때는 옷감과 같은 색의 실을 사용하세요.

1 옷본을 만든다.

❀ 부록에 나와 있는 옷본을 다른 종이에 옮겨서 사용하세요.

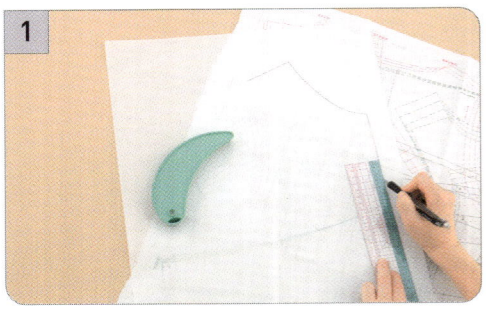

실물 크기의 옷본 위에 비치는 종이(재단종이 등)를 올려놓고 연필로 덧그려요.

❀ 시접을 두고 자르세요.

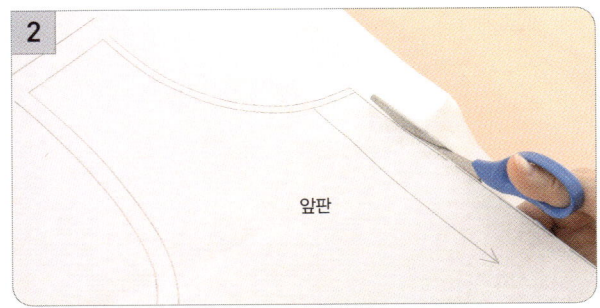

'맞춤 표시', '주름 끝', '식서 방향', '앞판' 등을 적어 넣어요. 마름질하는 법을 보면서 완성선과 평행이 되도록 시접선을 긋고 오려요. 다트나 모서리는 시접이 부족해질 수 있으니 넉넉히 잡아야 해요.

다트와 모서리에 시접 두는 법

다트

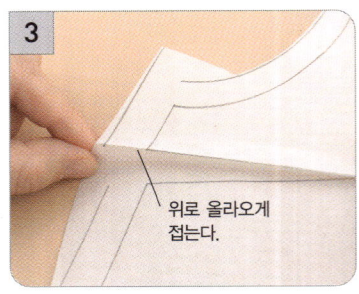

위로 올라오게 접는다.

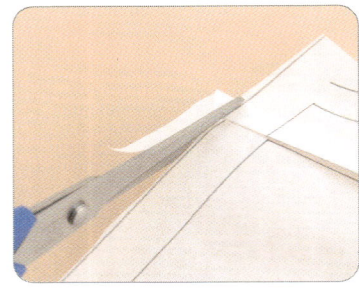

울퉁불퉁해야 OK!

다트 선을 맞대어 접고, 접은 채로 시접선을 오려요.

어깨선

접는다.

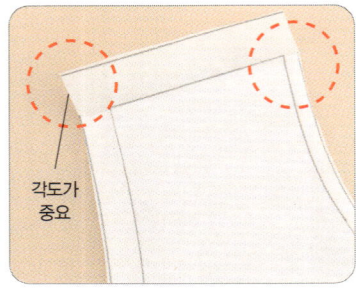

각도가 중요

어깨선의 시접을 접은 채로 소맷마루 둘레(진동)와 목둘레선의 시접을 오려요.

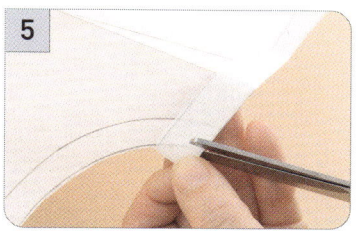

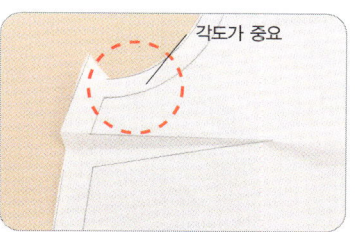

각도가 중요

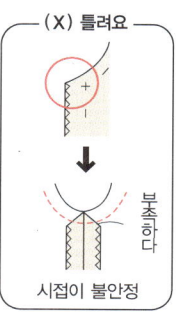

(O) 맞아요   (X) 틀려요

시접 벌리기   시접이 불안정

부족하다

옆선의 시접을 접은 채로 소맷마루 둘레의 시접을 오려요.

2 옷본을 옷감 위에 놓는다.

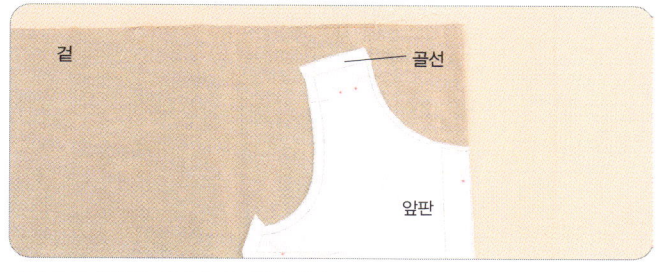

겉

골선

앞판

옷감의 올 방향을 정리해요(78쪽의 옷감 다루는 법 참조). 마름질하는 법을 보면서 옷감 위에 옷본을 올려놓고 시침핀으로 군데군데 고정해요. 시침핀은 완성선과 직각을 이루도록, 모서리에서는 45°를 이루도록 꽂아주세요.

3 옷감을 자른다.

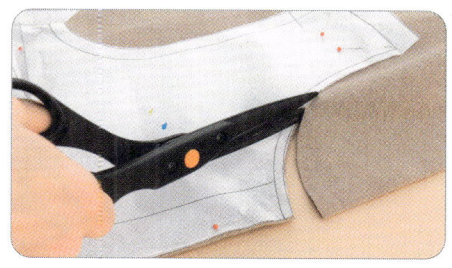

옷감은 그대로 놓고 몸과 가위를 움직여가며 자르세요.

4 필요한 기호와 선을 표시한다.

앞판

옷감 사이(안쪽 면)에 양면 초크 페이퍼를 끼우고 소프트 룰렛으로 완성선을 그려요. 맞춤 표시도 잊지 마세요.

5 시접에 올 풀림 방지를 한다.

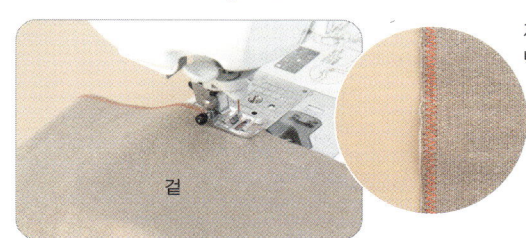

겉

재봉을 시작하기 전에 올이 풀리지 않도록 시접을 지그재그로 박아주세요. 반드시 겉면을 보면서 박아야 해요.

1 다트를 박는다.

먼저 다트 모서리에 시침핀을 꽂아 놓고, 다트 끝과 중간 부분도 이어서 고정해요.

되박음질을 하고 나서 박기 시작해요. 끝에는 되박음질을 하지 않고 그대로 옷감을 빼세요. 바늘이 빈 곳을 몇 땀 박게 될 거예요.

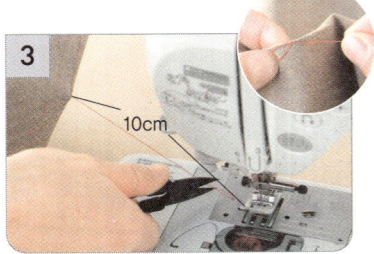

실을 10㎝ 정도 남겨서 자르고, 두 가닥을 모아 매듭을 지은 후 매듭에서 1㎝ 정도 남기고 잘라버려요.

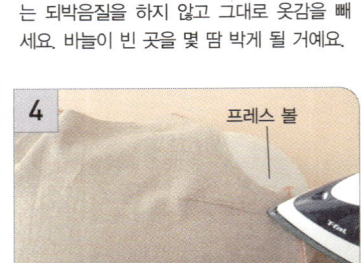

시접을 위쪽으로 넘겨놓고, 프레스 볼에 옷감을 올려 가슴팍의 곡선이 구겨지지 않도록 다려요.

되박음질 하는 법

처음과 끝은 되박음질을 해야 실이 풀리지 않아요. 시작 지점보다 3~4 땀 정도 앞에 바늘을 놓고, 재봉틀의 되박음질 버튼을 누른 채로 시작 지점까지 천천히 박으세요. 그런 다음에 본격적으로 박음질을 시작하세요. 소맷부리나 밑단처럼 둥글게 원을 그리며 박을 때는 마지막에만 되박음질 하세요.

2 옆선을 박는다.

3~4땀 앞에 바늘을 놓고, 되박음질을 하고 나서 박기 시작해요. 마지막에도 되박음질을 해주세요.

재봉 선은 꼭 다려서 깔끔하게 정리해 주세요.

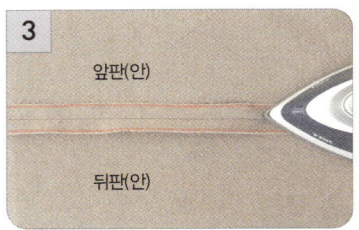

옷감을 펼쳐 놓고 다림질로 시접을 좌우로 벌려요. 이걸 가름솔이라고 해요.

3 어깨선을 박는다.

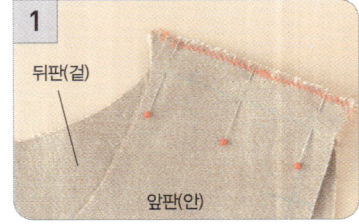

어깨선의 시작, 끝, 중간에 시침핀을 꽂아요.

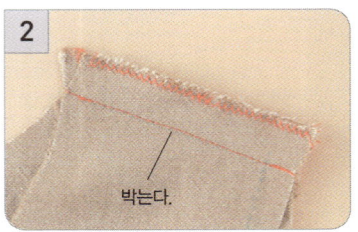

완성선을 따라서 박아 나가요. 시작과 끝에는 되박음질을 하세요.

옆선과 마찬가지로 다려가면서 시접을 벌려 주세요.

4 목둘레선을 감쌀 바이어스테이프의 모양을 잡는다.

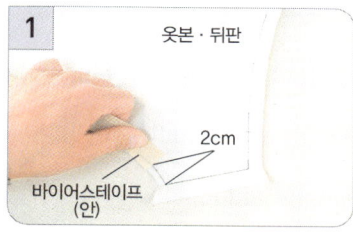

1 옷본 · 뒤판 / 2cm / 바이어스테이프 (안)

옷본을 준비해요. 목둘레선의 가장자리에서 2cm 떨어진 자리에 바이어스테이프를 올려놓아요.

2

옷본에 맞춰서 바이어스테이프를 두르고, 바깥쪽에서 안쪽으로 다림질해가며 안쪽의 뜨는 부분을 정리해요.

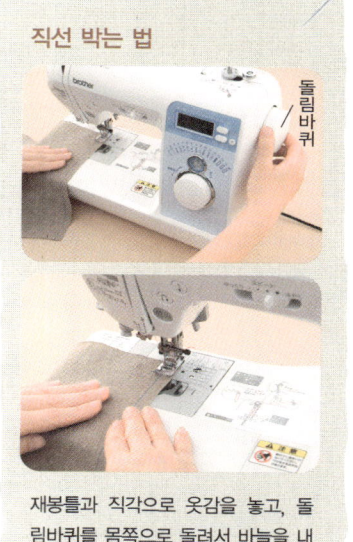

직선 박는 법 / 돌림바퀴

재봉틀과 직각으로 옷감을 놓고, 돌림바퀴를 몸쪽으로 돌려서 바늘을 내려요. 이어서 노루발도 내려주고, 시작 단추를 눌러 박아나가요. 두 손을 가볍게 올려서 옷감을 잡아주세요.

3 / 모양을 다 잡은 바이어스테이프

중심을 표시해요. 반대쪽도 마찬가지로 모양을 잡아요. 어깨선을 표시하고, 5cm 정도 여유를 두고서 잘라내세요.

5 목둘레선의 시접을 감싼다.

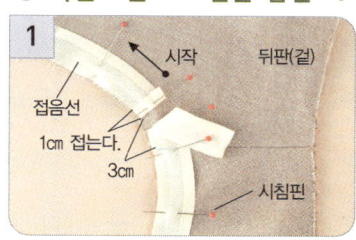

1 시작 / 뒤판(겉) / 접음선 / 1cm 접는다. / 3cm / 시침핀

완성선과 바이어스테이프의 접음선이 일치하도록 시침핀을 꽂아 고정해요. 많이 굽은 곳은 더 촘촘하게 꽂아야 해요.

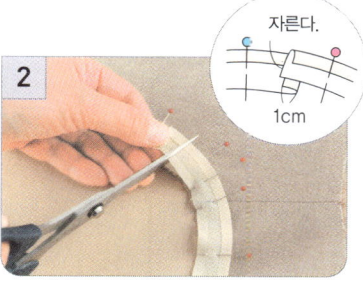

2 / 자른다. / 1cm

양쪽 끝을 1cm 겹쳐놓고, 남은 부분은 잘라내요.

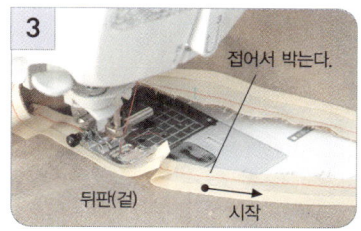

3 접어서 박는다. / 뒤판(겉) / 시작

바이어스테이프의 끝을 접은 채로 박기 시작해요. 시침핀을 뽑으면서 바이어스테이프의 접음선을 따라 천천히 박아요. 마지막에는 되박음질을 해주세요.

4 앞판(겉)

봉제선을 자르지 않도록 조심하면서 2~3cm 간격으로 시접에 가윗밥을 넣어요. 많이 굽은 곳은 5mm 간격으로 넣어야 깔끔해져요.

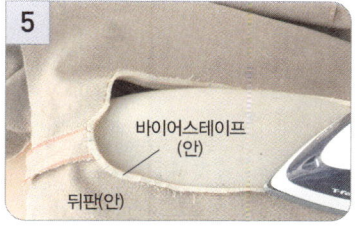

5 바이어스테이프 (안) / 뒤판(안)

봉제선이 보일락 말락 하는 위치에서 바이어스테이프와 시접을 몸판 쪽으로 넘기세요. 이 작업을 해두어야 목둘레선이 깔끔해져요.

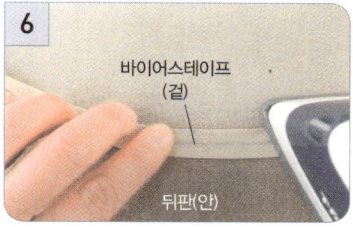

6 바이어스테이프 (겉) / 뒤판(안)

다려가면서 바이어스테이프를 안쪽으로 접어 넘기세요.

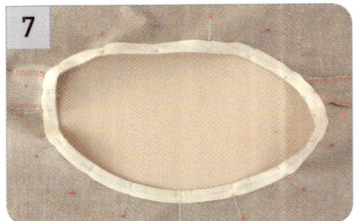

바이어스테이프를 시침핀으로 고정해요.

바이어스테이프의 접어 둔 끝에서부터 가장자리를 따라 박아주세요. 마지막에만 되박음질을 해요.

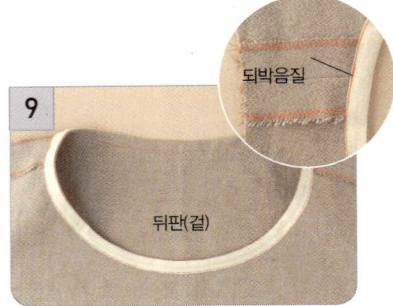

되박음질

뒤판(겉)

목둘레선의 작업을 마쳤어요.

6 밑단을 박는다.

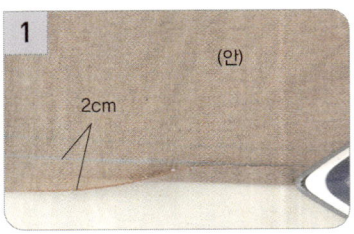

(안)

2cm

옷자락의 가장자리에서 2㎝ 떨어진 자리를 초크 펜으로 그어주고, 그 선에 맞춰서 다림질해가며 단을 접어요.

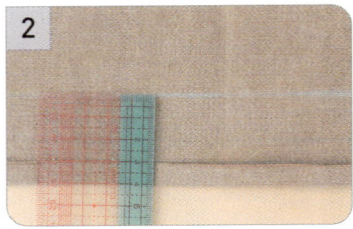

다시 4㎝ 떨어진 위치에 선을 그어요..

그 선에 맞춰서 단을 한 번 더 접고, 깔끔하게 다려주세요.

밑단을 시침핀으로 고정해요. 옆선과 중심을 먼저 고정해 놓고, 그 사이를 군데군데 꽂아요. 곡선 부분은 피아노 치듯이 손가락을 올려서 모양을 잡은 다음에 5~6㎝ 간격으로 시침핀을 꽂아요.

왼쪽 옆선부터 시접의 가장자리를 박아나가요. 마지막에만 되박음질을 하세요. 곡선 부분은 주름이 지기 쉬우니까 손가락을 넣어서 몸쪽으로 잡아당기듯이 옷감을 잡아주세요.

밑단이 완성되었네요.

7 소매를 만든다.

소매와 커프스를 준비하세요.

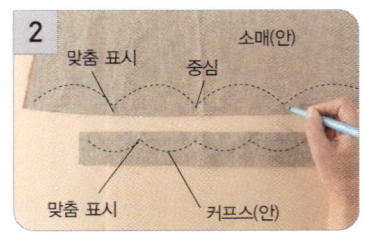

맞춤 표시   소매(안)
중심

맞춤 표시   커프스(안)

소맷부리와 커프스를 4등분하고, 위치마다 맞춤 표시를 하세요.

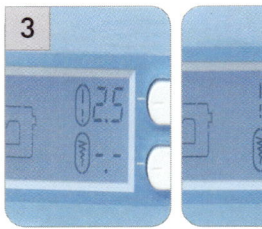

재봉틀의 땀 길이를 최대로 조절해서 성기게 박아주세요.

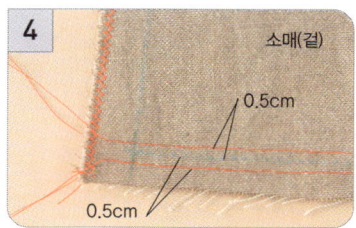

4

소맷부리의 완성선을 기준으로 위아래 0.5
cm 위치를 성기게 박아주세요. 실을 7~8cm
남기고 잘라요.

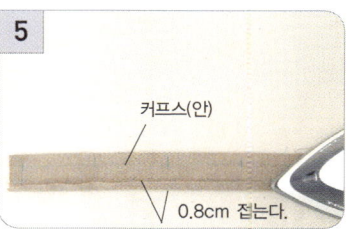

5

커프스는 맞춤 표시를 하지 않은 쪽의 가장
자리를 0.8㎝ 접어요.

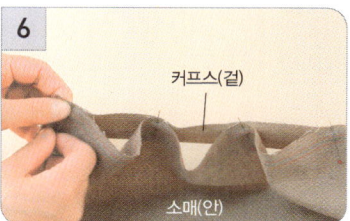

6

소매와 커프스의 겉끼리 맞대고, 맞춤 표시
에 맞춰서 시침핀을 꽂아요.

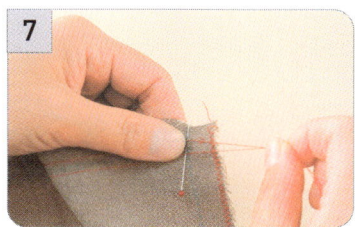

7

중심까지 균일하게 주름이 지도록 실을 잡아당겨요. 끝에서 1.5㎝ 떨어진 부분에서부터 주름
을 잡아야 해요.

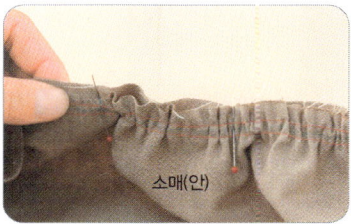

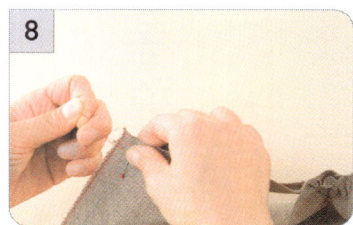

8

반대쪽도 마찬가지로 주름을 잡아요.

9

실을 잡아당기고, 가장자리에서 1~1.5㎝ 떨
어진 자리를 박기 시작해요. 처음에는 되박
음질을 하지 않아요.

10

송곳으로 주름을 예쁘게 정리해가며 천천히 박으세요.

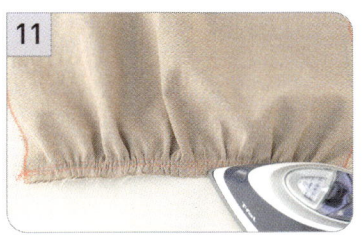

11

시접만 다리면서 주름을 정리하고, 성기게 박은 재봉실은 송곳으로 빼내요.

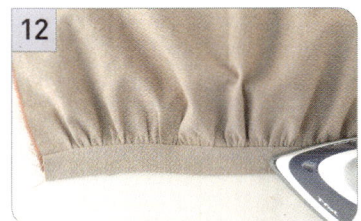

12

소매의 겉쪽에 커프스를 올려놓고, 주름이
구겨지지 않도록 다려주세요.

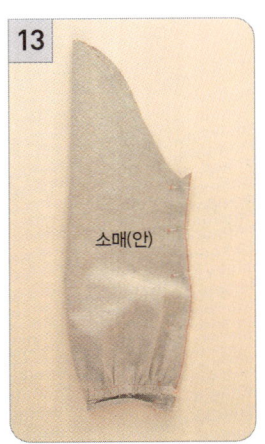 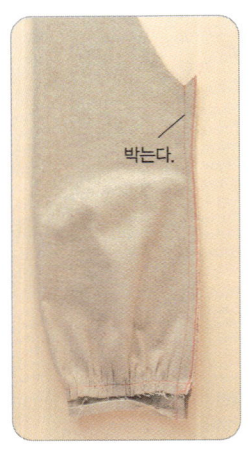 

13

소매(안)

박는다.

시접을 벌린다.

소매의 옆선을 박아요. 시침핀으로 고정해 놓고, 커프스의 끝까지 같이 박아요. 다리미로 시접을 벌려주세요.

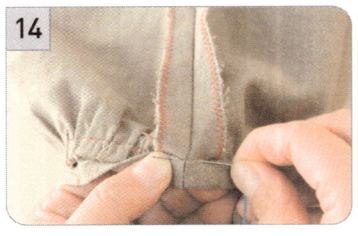 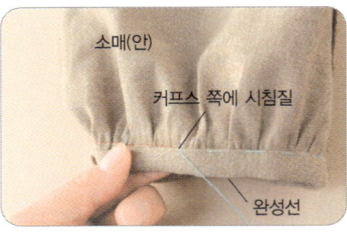 

14

소매(안)

커프스 쪽에 시침질

완성선

소매 쪽에 시침질

(겉)

커프스를 완성선에 맞춰서 접어 올려요. 안쪽 시접을 0.8㎝로 접은 상태여서 소맷부리의 재봉 선보다 0.2㎝ 위로 올라와야 해요. 커프스의 가장자리를 시침하는데, 안쪽에서는 커프스 쪽에, 겉쪽에서는 소매 쪽에 땀이 지나가야 해요.

 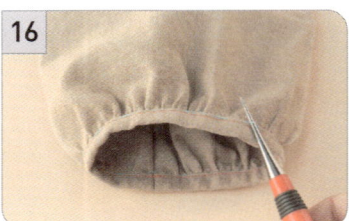 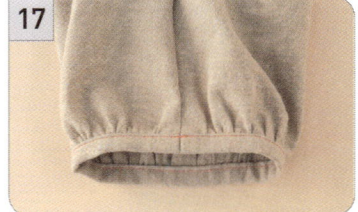

15

소매(겉)

16

17

소매의 겉쪽에서 커프스의 가장자리를 박아요. 소매 옆선에서 박기 시작하고, 마지막에만 되박음질을 해요.

시침실을 빼내요.

소맷부리가 완성되었네요.

8 소매를 단다.

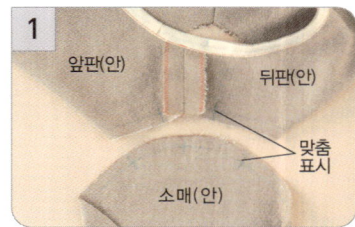 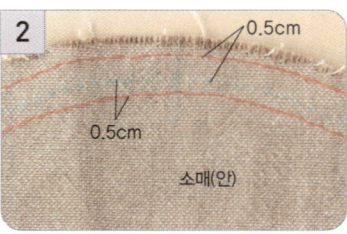 

1

앞판(안)

뒤판(안)

맞춤 표시

소매(안)

2

0.5cm

0.5cm

소매(안)

3

앞판(겉)

몸판의 맞춤 표시와 소맷마루의 주름이 끝나는 위치를 확인하세요.

소맷마루 둘레에서 위아래로 0.5㎝ 떨어진 위치를 큰 땀으로 성기게 박아요. 맞춤 표시보다 0.5㎝ 더 박아주세요.

몸판과 소매를 맞출 거예요.

먼저 목둘레선으로 손을 넣어 몸판의 어깨선 끝과 소매의 소맷마루를 같이 잡아 빼주세요.

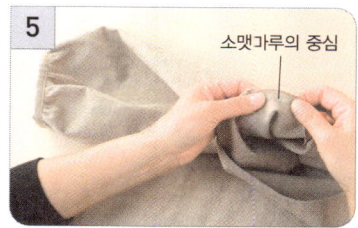

소맷가루의 중심

손을 바꿔 잡고, 소맷마루의 중심에 시침핀을 꽂아요.

소맷마루의 주름이 끝나는 위치에도 시침핀을 꽂아요.

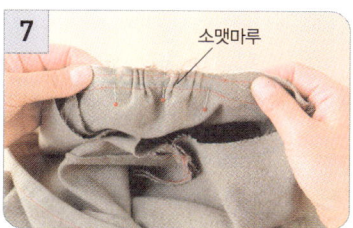

소맷마루

좌우에서 실을 당겨 주름을 잡아요.

소매의 옆선(솔기)과 시접의 가장자리에 시침핀을 꽂아요.

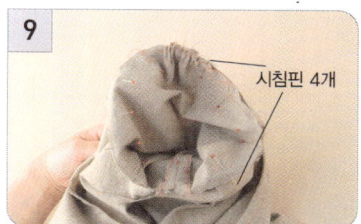

시침핀 4개

소매 옆선에서 소맷마루 주름 끝 부분까지 시침핀을 모두 4개 꽂아요.

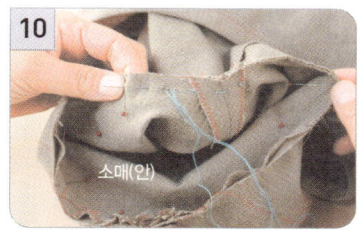

소매(안)

소매 옆선에서부터 완성선을 따라 촘촘하게 시침질을 하는데, 완성선에서 시접 쪽으로 0.1cm 들어간 자리를 꿰매야 해요.

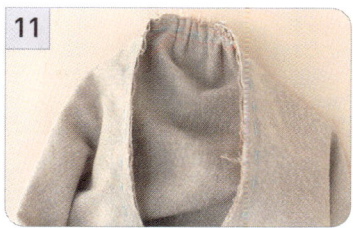

주름의 끝 부분까지 오면 되돌아서 한 땀을 뜨고(반대쪽도 마찬가지), 주름이 망가지지 않도록 다시 빙 둘러가며 시침해요.

맞춤 표시

소매 쪽의 맞춤 표시에서부터 소맷마루 둘레를 박아나가요. 주름 부분까지 오면 송곳으로 주름을 보내가면서 천천히 박아주세요.

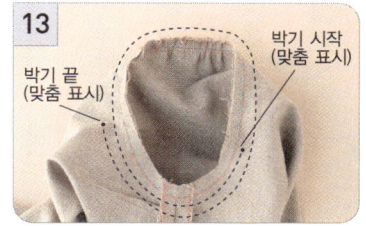

박기 시작
(맞춤 표시)
박기 끝
(맞춤 표시)

맞춤 표시에서 맞춤 표시까지는 같은 자리를 2번 박아요.

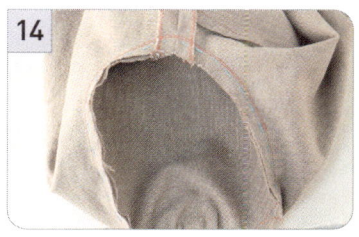

시접만 다리면서 주름을 정리하세요.

소맷마루의 성기게 박은 실과 시침실을 빼내요.

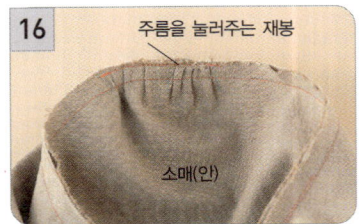

주름을 눌러주는 재봉

소매(안)

시접의 가장자리를 박아서 주름을 눌러줘요.

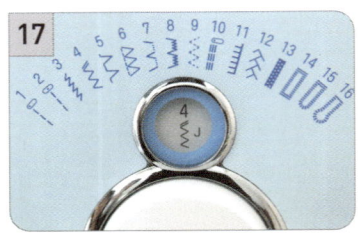

재봉틀을 지그재그 박기로 맞추세요.

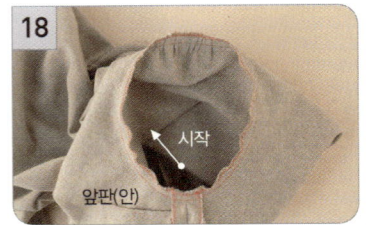

시작

앞판(안)

소맷마루 둘레의 시접을 소매 쪽에서 지그재그로 박아요. 소매가 완성되었어요.

9 끈을 박는다.

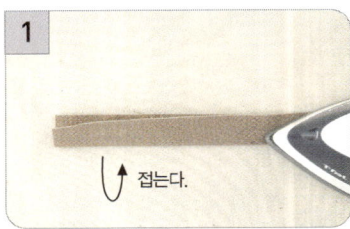

접는다.

끈을 반으로 접어요.

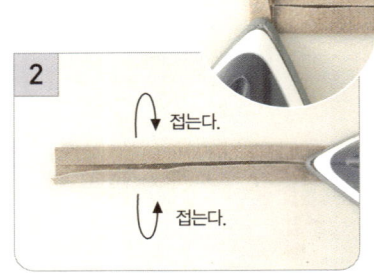

접는다.

접는다.

펼쳐서 접음선을 중심으로 절반씩 접고 양쪽 끝을 1cm 접어요.

접는다.

다시 반을 접은 후 모서리에 시접이 튀어나오지 않도록 안쪽으로 넣어주세요.

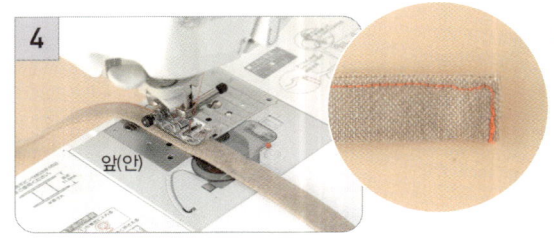

앞(안)

되박음질을 하고서 끈을 박아요.

10 실루프를 만든다.

실루프 만드는 법

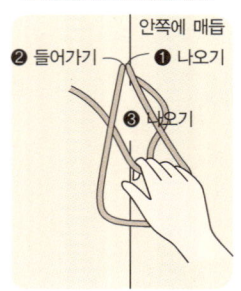

안쪽에 매듭

❷ 들어가기 ❶ 나오기

❸ 나오기

큰 고리를 만들어 실을 넣는다.

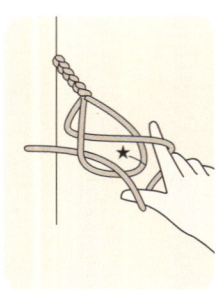

★

★부분을 당기면서 손으로 짜나간다.

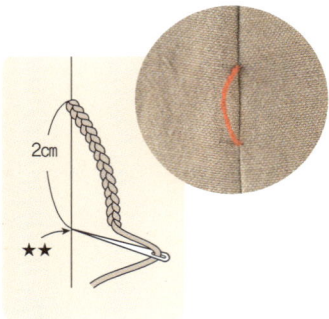

2cm

★★

★★바늘을 넣는다.

민소매 심플 원피스

7부 소매 심플 원피스(no.1)를 민소매로 만들었어요. 마 옷감으로 만들어서 참 시원해요. 티셔츠와 레이어드해서 입어도 좋고, 원피스로 입어도 멋지답니다.

❦ 만든 이 : 구보타 쇼다이
❦ 실물 크기의 옷본 수록

4

재료		S	M	L
옷감 (마)	132cm 폭	2m	2m 10cm	2m 20cm
바이어스테이프	12.7mm 폭	1m 80cm	1m 80cm	1m 80cm
●완성 치수	전체 길이	94cm	98.5cm	102.5cm
	가슴	92cm	98cm	104cm

· 실물 크기의 옷본은 B면의 no.4를 사용하세요.

- ☐ =실물 크기의 옷본
- ● =S치수
- ● =M치수
- ● =L치수
- ● =공통

옷감을 마름질하는 법

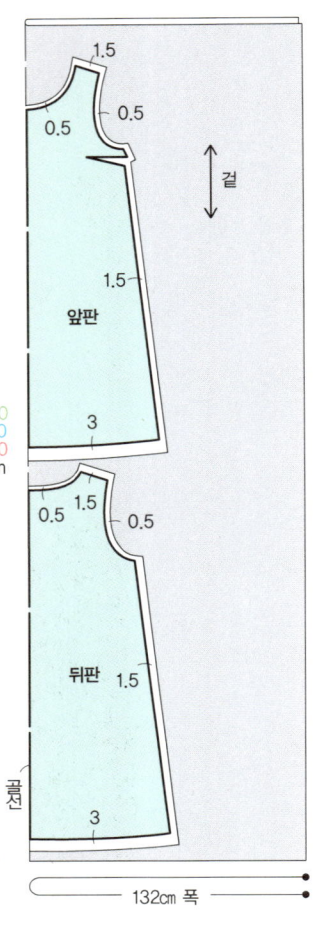

no.4 옷본

바이어스테이프
바이어스
테이프
뒤판
앞판
1.8   1.8

올 풀림 방지를 해주는 곳

지그재그
박기
뒤판
앞판

만드는 순서

1 다트를 박는다.
2 어깨선을 박는다.
3 목둘레선의 시접을 감싼다.
4 옆선을 박는다.
5 소맷마루 둘레의 시접을 감싼다.
6 밑단을 박는다.

* ☐ 은 14~16쪽의 설명을 참조하세요.

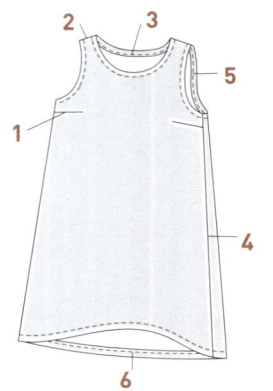

5 소맷마루 둘레의 시접을 감싼다.

① 몸판의 완성선과 바이어스테이프의 접음선을 맞춰서 박는다.

② 시접에 가윗밥을 넣는다.

① 안쪽으로 접는다.
② 1cm 박는다.

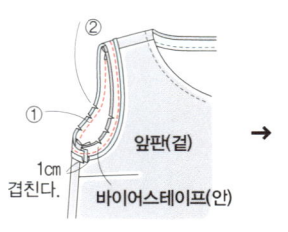

앞판(겉)
1cm
겹친다.
바이어스테이프(안)

→

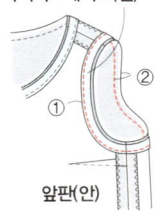

바이어스테이프(겉)
앞판(안)

보더 레이스
원피스

7부 소매 심플 원피스(no.1)의 옷본을 조금 변형하면
가슴에 절개선이 들어간 원피스를 만들 수 있어요.
소맷부리와 밑단에는 보더 레이스의 문양을 활용하여 사랑스러움을 더했어요.

☙ 만든 이 : 후쿠다 미호 ☙ 실물 크기의 옷본 수록

5

재료		S	M	L
옷감 (면마 혼방의 보더 스캘럽 레이스) 110㎝ 폭		2m 50cm	2m 60cm	2m 70cm
바이어스테이프	12.7mm 폭	70cm	70cm	80cm
● 완성 치수	전체 길이	94cm	98.5cm	102.5cm
	가슴	92cm	98cm	104cm
	소매 길이	36.6cm	38.5cm	39.3cm

□ =실물 크기의 옷본
● =S치수
● =M치수
● =L치수
● =공통

· 실물 크기의 옷본은 B면의 no.5를 사용하세요.

옷본을 마름질하는 법

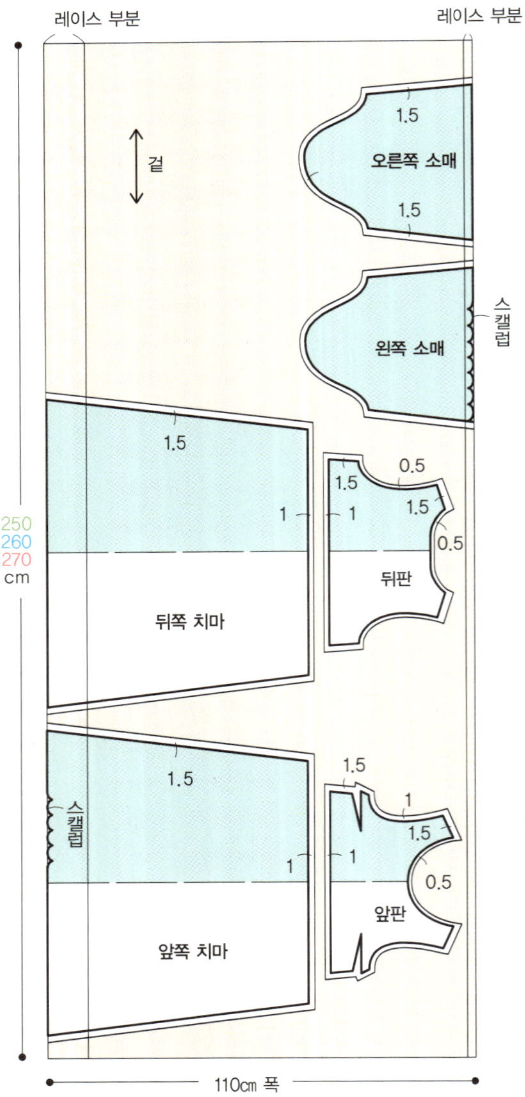

레이스 부분   레이스 부분

겉

오른쪽 소매 1.5 1.5

왼쪽 소매

스캘럽

1.5

250
260
270
cm

뒤쪽 치마

1.5 0.5
1.5
1 1 1.5
0.5
뒤판

스캘럽

1.5

앞쪽 치마

1.5
1.5
1 1
1
0.5
앞판

110cm 폭

no.5 옷본

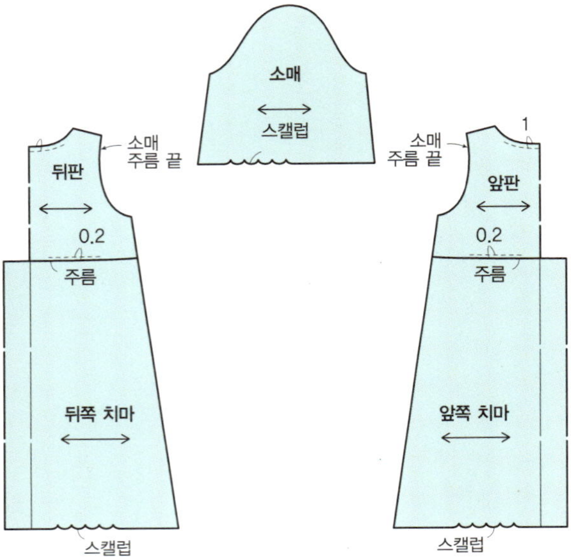

소매
↔ 스캘럽

뒤판
소매 주름 끝
0.2
주름

소매
소매 주름 끝
1
앞판
0.2
주름

뒤쪽 치마
↔

앞쪽 치마
↔

스캘럽

스캘럽

만드는 순서

1 다트를 박는다.
2 어깨선을 박는다.
3 목둘레선의 시접을 감싼다.
4 몸판과 치마의 옆선을 박는다.
5 치마에 주름을 잡고, 몸판과 잇는다.
6 소매를 만든다.
7 소매를 단다.

☾ 은 14~20쪽의 설명을 참조하세요.

올 풀림 방지를 해주는 곳

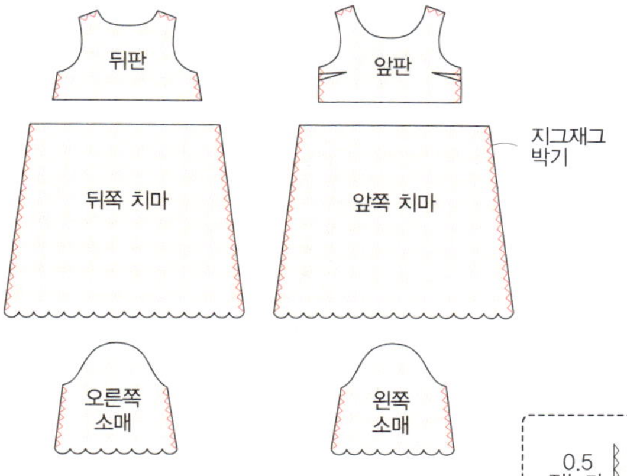
뒤판
앞판
뒤쪽 치마
앞쪽 치마
지그재그
박기
오른쪽
소매
왼쪽
소매

4 몸판과 치마의 옆선을 박는다.

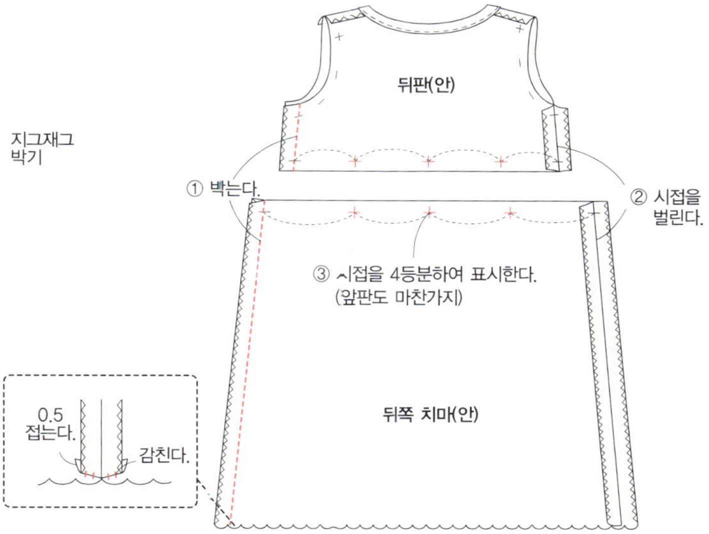
뒤판(안)
① 박는다.
② 시접을
벌린다.
③ 시접을 4등분하여 표시한다.
(앞판도 마찬가지)
0.5
접는다.
감친다.
뒤쪽 치마(안)

5 치마에 주름을 잡고, 몸판과 잇는다.

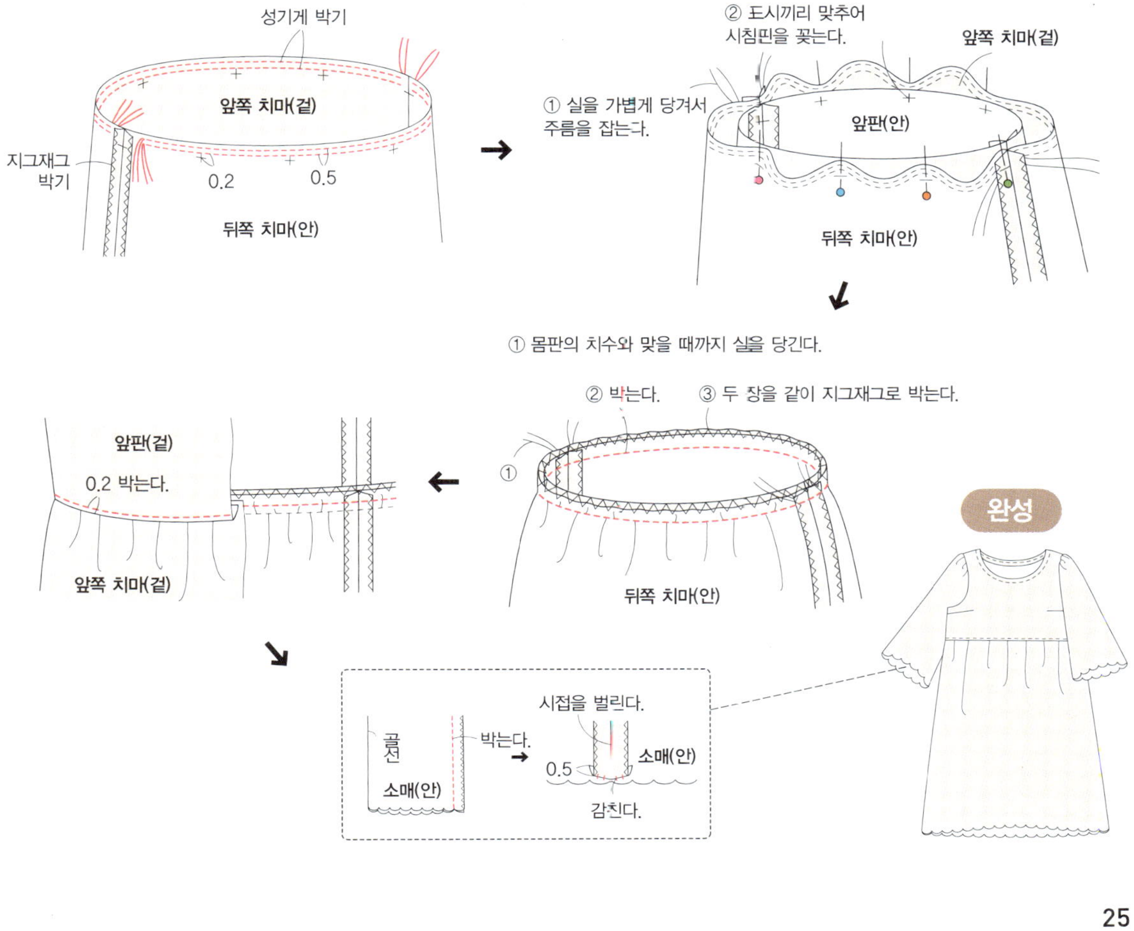
성기게 박기
앞쪽 치마(겉)
지그재그
박기
0.2
0.5
뒤쪽 치마(안)
① 실을 가볍게 당겨서
주름을 잡는다.
② 표시끼리 맞추어
시침핀을 꽂는다.
앞쪽 치마(겉)
앞판(안)
뒤쪽 치마(안)
① 몸판의 치수와 맞을 때까지 실을 당긴다.
② 박는다.
③ 두 장을 같이 지그재그로 박는다.
①
뒤쪽 치마(안)
앞판(겉)
0.2 박는다.
앞쪽 치마(겉)
골선
소매(안)
박는다.
시접을 벌린다.
0.5
소매(안)
감친다.
완성

꽃무늬 튜닉

보더 레이스 원피스(no.5)의 길이를
줄여서 만든 튜닉입니다. 여성스러움
을 물씬 풍기는 꽃무늬에 목둘레선과
밑단에 레이스를 달았어요. 밑에 받
쳐 입은 옷은 보더 레이스의 캐미솔
원피스(no.11)예요. 레이어드 룩으로
다양하게 즐겨보세요.

🎀 만든 이 : 후쿠다 미호
🎀 실물 크기의 옷본 수록

6

재료		S	M	L
옷감 (면 브로드클로스)	110cm 폭	2m	2m 10cm	2m 30cm
레이스	1.2cm 폭	2m 30cm	2m 40cm	2m 50cm
바이어스테이프	12.7mm 폭	70cm	70cm	80cm
● 완성 치수	전체 길이	81.8cm	85.5cm	89cm
	가슴	92cm	98cm	104cm
	소매길이	36.6cm	38.5cm	39.3cm

· 실물 크기의 옷본은 B면의 no.6을 사용하세요.

□ =실물 크기의 옷본
● =S치수
● =M치수
● =L치수
● =공통

옷감을 마름질하는 법

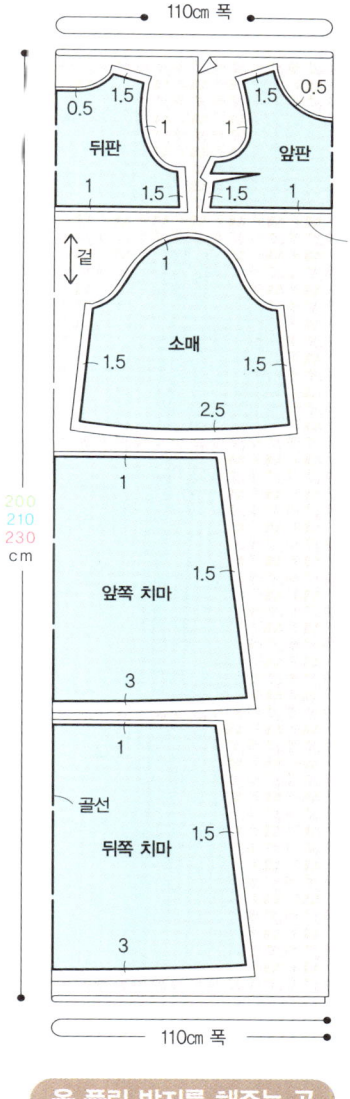

no.6 옷본

만드는 순서

1 다트를 박는다.
2 어깨선을 박는다.
3 목둘레선의 시접을 감싼다.
4 몸판과 치마의 옆선을 박는다.
5 치마에 주름을 잡고, 몸단과 잇는다.
6 소매를 만든다.
7 소매를 단다.

* ▢ 은 14~20쪽의 설명을 참조하세요.
* 4번과 5번은 25쪽을 참조하세요.

울 풀림 방지를 해주는 곳

블루 셔츠 원피스

작은 스탠드 업 칼라가 달린 셔츠 원피스예요.
하늘색 옷감이 시원해 보이지 않나요?
청바지와 함께 원피스처럼, 단추를 풀어 셔츠처럼 다양하게 연출해 보세요.

❦ 만든 이 : 가네마루 가호리   ❦ 만드는 법 : p.32
❦ 실물 크기의 옷본 수록

7

등 쪽의 절개선에는
주름이 잡혀 있어요.

갈색 체크 무늬 원피스

블루 셔츠 원피스(no.7)를 조금 길게 만들어 보았어요.
갈색 체크 무늬가 차분하면서도 깔끔한 분위기를 만들어줍니다.

❦ 만든 이 : 가네마루 가호리   ❦ 만드는 법 : p.32

❦ 실물 크기의 옷본 수록

8

재료		S	M	L
no.7 옷감 (선염 면마 격자무늬)	110cm 폭	2m 50cm	2m 60cm	2m 70cm
no.8 옷감 (선염 면 격자무늬)	95cm 폭	2m 80cm	2m 90cm	3m
접착심지	90cm 폭	100cm	100cm	100cm
단추	지름 1.5cm	no.7 11개 · no.8 12개		
● 완성 치수 no.7 전체 길이		83.5cm	87.5cm	92cm
no.8 전체 길이		96cm	101cm	106cm
가슴		97cm	101cm	107cm
소매 길이		56.5cm	59.5cm	60.5cm

no.7의 재료

❶ 옷감 ❷ 단추
❸ 접착심지

· 실물 크기의 옷본은 B면의 no.7 · 8을 사용하세요.
· 끈은 시접을 두지 않고 마름질하세요.
· 옷본 만드는 방법, 마름질하는 법, 기호와 선을 표시하는 법은 12~13쪽을 참조하세요.

옷감을 마름질하는 법

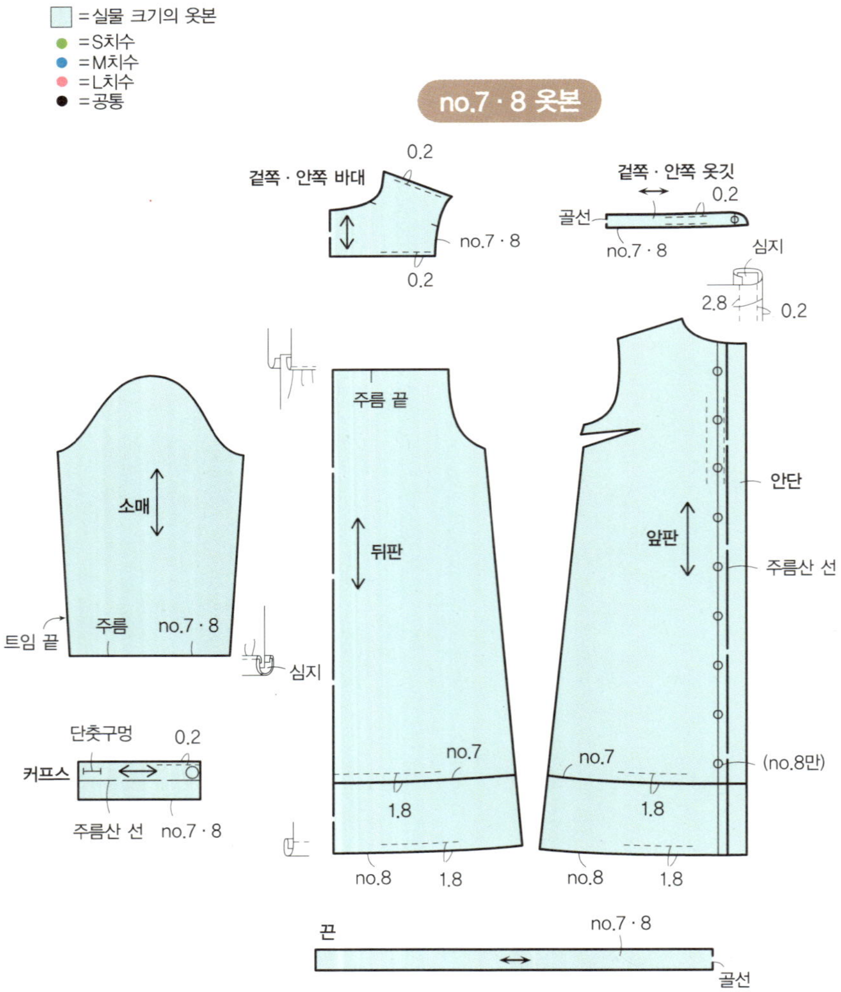

□ =실물 크기의 옷본
● =S치수
● =M치수
● =L치수
● =공통

no.7 · 8 옷본

겉쪽 · 안쪽 바대   0.2
no.7 · 8
0.2

겉쪽 · 안쪽 옷깃   0.2
골선   no.7 · 8
심지
2.8   0.2

소매

주름 끝

주름 끝
뒤판

앞판
안단
주름산 선
(no.8만)

트임 끝   주름   no.7 · 8
심지

단춧구멍   0.2
커프스
주름산 선   no.7 · 8

no.7
1.8
no.8   1.8

no.7
1.8
no.8   1.8

끈   no.7 · 8
골선

= 접착심지 붙이는 곳

겉
소매   1.5   1.5   1

바대   1

골선   주름잔선 중심   1   1
안단   1.5

no.7
250
260
270
cm

no.8
200
210
230
cm

옷깃   3

끈

안단   1.5   커프스   1

3

no.7 110cm 폭
no.8 95cm 폭

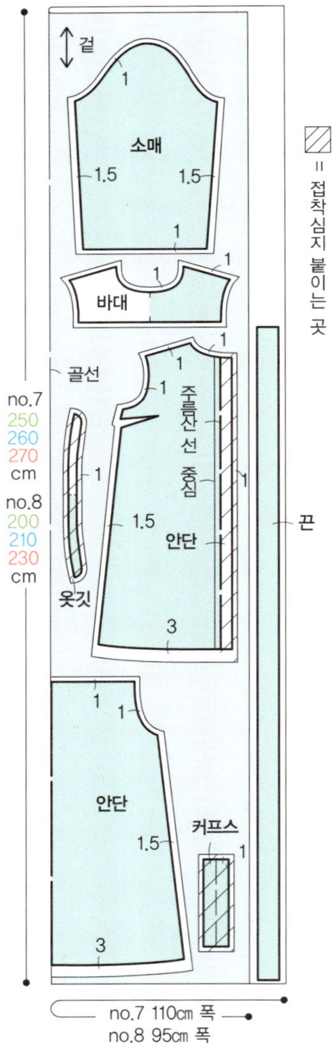

✈ no.7의 작품을 예로 들어 설명합니다.

올 풀림 방지를 해주는 곳

1 접착심지를 붙인다.

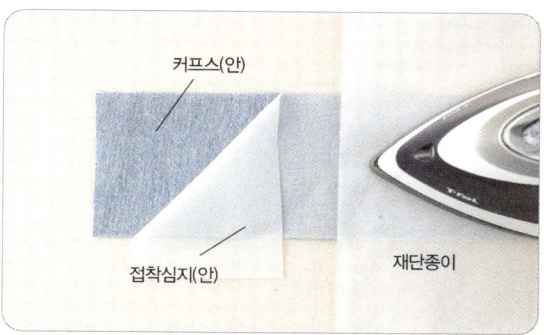

커프스(안)

접착심지(안)

재단종이

커프스의 안쪽 면과 접착심지의 거친 면(안)을 맞대고, 그 위에 종이를 놓고서 다리미로 눌러주세요. 10초 정도 누르고 나서 다리미와 종이를 조금씩 앞으로 움직여가며 꼼꼼하게 붙여요.(80쪽 참조)

왼쪽
소매

오른쪽
소매

안단

뒤판

왼쪽
앞판

오른쪽
앞판

2 필요한 기호와 선을 표시한다.

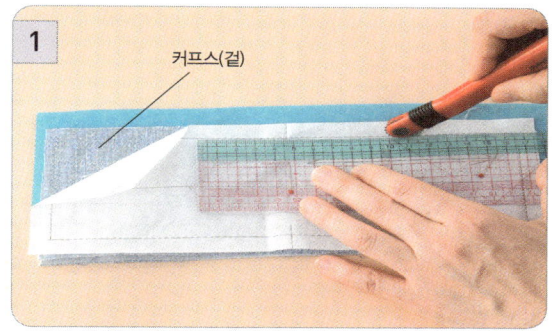

1

커프스(겉)

커프스 두 장을 안쪽 면끼리 맞대고, 그 사이에 양면 초크 페이퍼를 끼워요. 옷본을 올려놓고, 소프트 룰렛으로 완성선을 표시해 주세요.

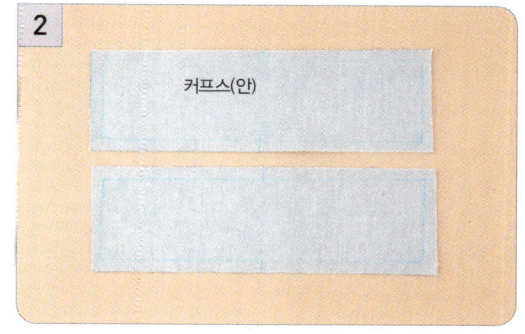

2

커프스(안)

이런 모습이랍니다.

3

옷깃

안단

커프스

옷깃과 안단에도 접착심지를 붙이고, 필요한 기호와 선을 넣어요.

1 다트를 박는다.

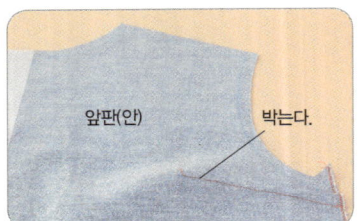

14쪽을 참조해서 다트를 박아요.

2 바대와 몸판을 박는다.

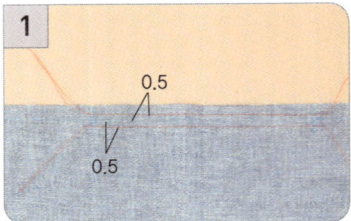

뒤판에 주름을 잡을 거예요. 땀 길이를 최대한으로 조절해서 완성선에서 위아래로 0.5cm 떨어진 자리를 성기게 박아요.

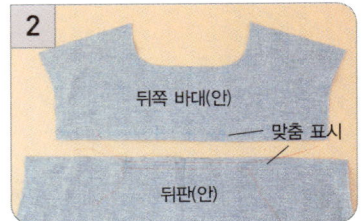

뒤쪽 바대와 뒤판의 맞춤 표시를 확인하세요.

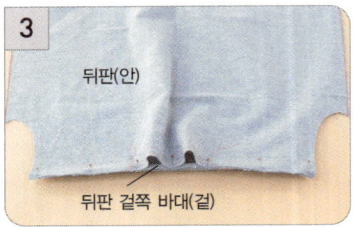

뒤판 겉쪽 바대와 뒤판의 맞춤 표시에 맞춰서 시침핀을 꽂아요.

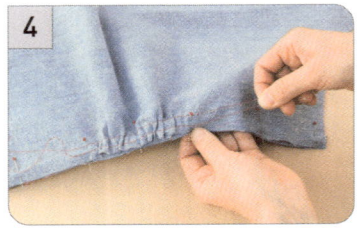

성기게 박은 실을 당겨서 겉쪽 바대와 치수가 같아지도록 주름을 잡아요.

되박음질을 하고서 박기 시작해요. 송곳으로 주름을 균일하게 정리해가며 천천히 박으세요. 마지막에도 되박음질을 하세요.

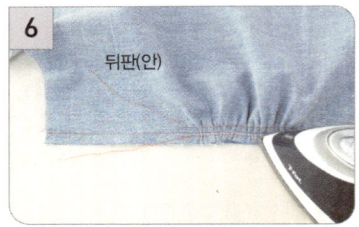

시접만 다리면서 주름을 정리해요.

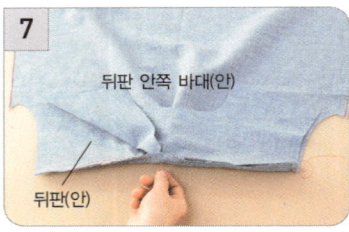

뒤판의 안쪽 위에 뒤판 안쪽 바대를 겹쳐놓고, 시침핀을 꽂아 고정해요.

뒤판 겉쪽 바대 쪽에서 재봉 선을 따라 다시 박아요.

바대 두 장을 위로 올려서 주름이 구겨지지 않도록 주의하며 봉제선을 다려요.

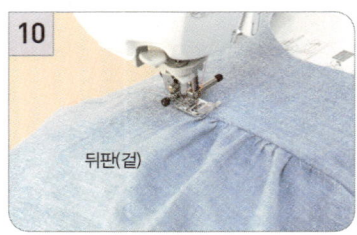

바대의 단을 박아주세요.

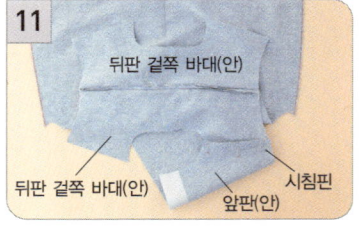

앞판과 뒤판 겉쪽 바대를 시침핀으로 고정해요.

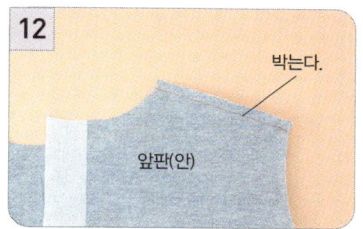

앞판과 뒤판 겉쪽 바대를 박아요.

시접을 바대 쪽으로 넘겨서 다리미로 눌러 주세요.

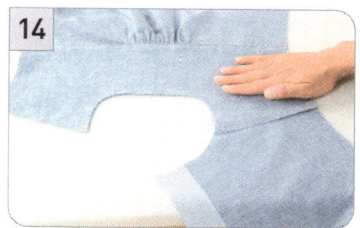

뒤판 안쪽 바대가 뜨지 않도록 정리해 주세요.

13 의 봉제선보다 0.2cm 나오도록 접어주고, 단을 시침해요. 겉쪽에서 보았을 때 바대가 아닌 몸판 쪽에 땀이 지나가는지 확인하세요.

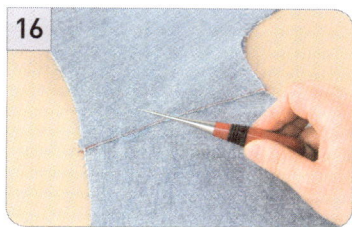

뒤판 겉쪽 바대 쪽에서 바대의 단을 박고, 시침실을 뽑아 내세요. 다른 쪽도 마찬가지로 박아요.

3 옆선을 박는다.

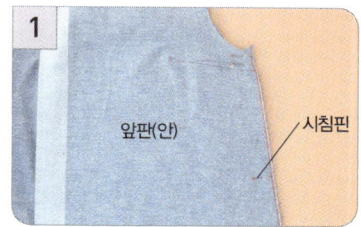

앞판과 뒤판의 겉끼리 맞대어 옆선의 위, 아래, 중간을 먼저 시침핀으로 고정해요. 그 사이도 15cm 간격으로 꽂아주세요.

되박음질을 하고서 옆선을 박아요.

재봉 선을 다려요.

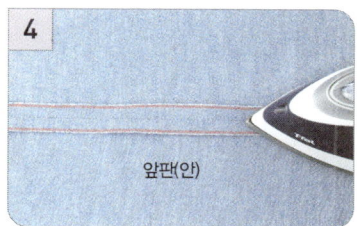

시접을 좌우로 벌려가며 다려요.

4 밑단을 박는다.

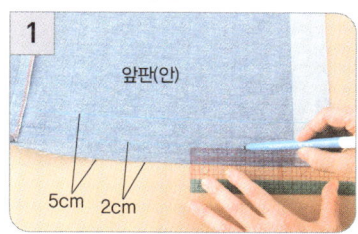

옷자락의 가장자리에서 2cm, 5cm 떨어진 자리를 초크 펜으로 그어주세요.

먼저 2cm 선에 맞춰서 단을 접어 올려 다려 주세요.

다시 5cm 선에 맞춰서 접어 올리고 다림질 해요.

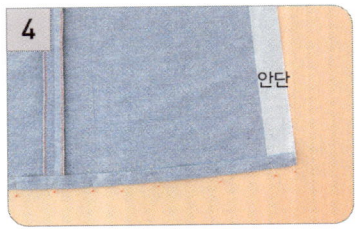

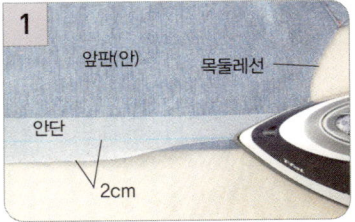

시침핀으로 밑단을 고정해요. 안단과 옆선을 먼저 고정하고, 그 사이에 5~6개의 핀을 꽂아주세요. 반대쪽 앞판과 뒤판도 마찬가지로 작업해주세요.

안쪽에서 단의 가장자리를 박아요.

안단의 가장자리에서 2cm 떨어진 자리를 초크 펜으로 긋고, 그 선에 맞춰서 단을 접어요.

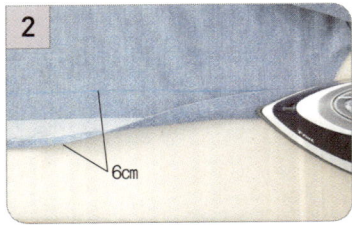

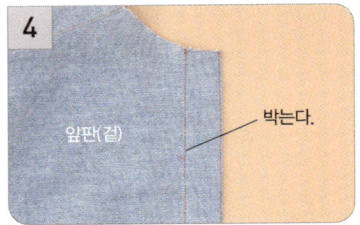

접은 위치에서 6cm 떨어진 곳에 선을 긋고, 그 선에 맞춰 다시 단을 접어요.

안단을 시침핀으로 고정한 후 박아주세요.

겉쪽으로 놓고서 단을 박아요.

앞단의 겉쪽 끝 모습입니다.

앞단의 안쪽 끝 모습입니다.

앞단을 다 박았어요.

6 옷깃을 만든다.

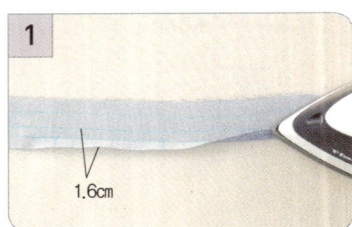

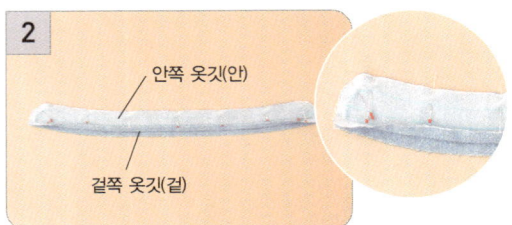

안쪽 옷깃의 접합부에서 가장자리와 1.6cm 떨어진 자리에 선을 긋고, 그 선에 맞춰서 단을 접어 다림질해요.

겉쪽 옷깃과 안쪽 옷깃의 겉끼리 맞대고, 외곽선에 맞춰서 시침핀을 꽂아요.

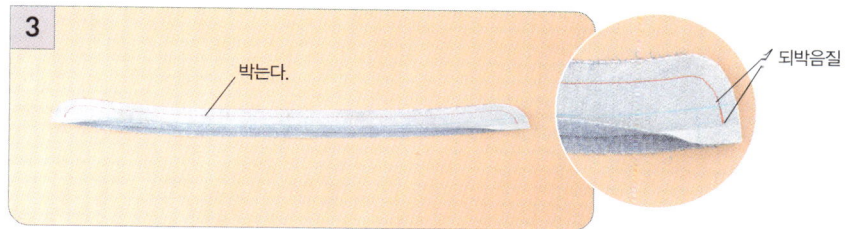

3

박는다.

되박음질

안쪽 옷깃 쪽에서 외곽선을 따라 박아요. 시접은 박지 않아요.

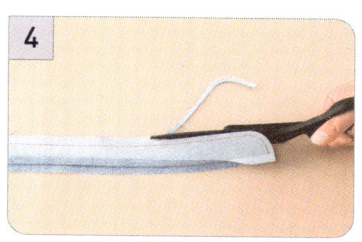

4

시접을 0.5cm 남기고 잘라주세요.

5

다림질로 시접을 접어요. 곡선 부분은 바깥 쪽에서 안쪽으로 좁혀 나가듯이 눌러주세요.

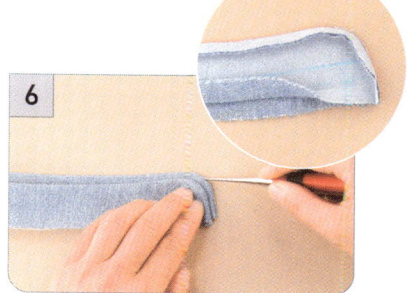

6

옷깃을 뒤집어요. 좌우의 모양이 같은지 겹쳐놓고 확인하세요.

7 옷깃을 단다.

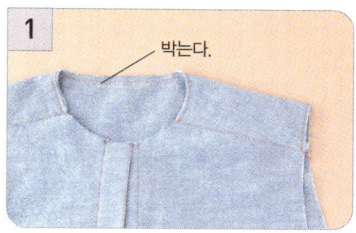

1

박는다.

옷깃을 달기 전에 목둘레의 시접을 박아주세요.

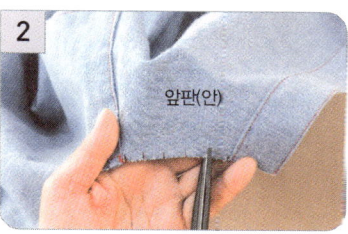

2

앞판(안)

앞판의 목둘레선 시접에 1.5~2cm 간격으로 0.5cm 정도 가윗밥을 넣으시요.

3

겉쪽 옷깃(안)

앞판(겉)

겉쪽 옷깃의 단과 앞판의 단을 맞대고 시침 핀으로 고정해요.

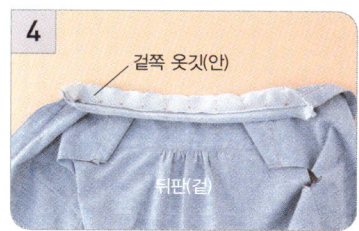

4

겉쪽 옷깃(안)

뒤판(겉)

뒤판의 중심과 어깨선을 먼저 고정해 놓고, 그 사이를 촘촘하게 고정하세요.

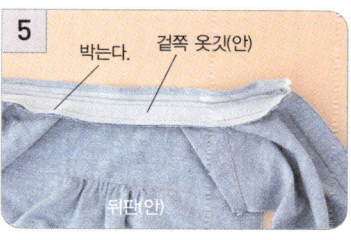

5

박는다.   겉쪽 옷깃(안)

뒤판(안)

되박음질을 하고서 겉쪽 옷깃을 박아요.

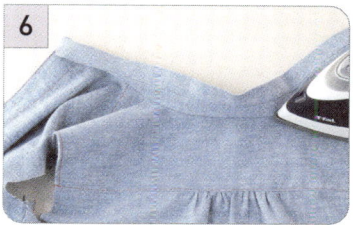

6

시접을 옷깃 쪽으로 넘겨서 봉제선을 다려 주세요.

옷깃의 시접을 접고, 옷깃과 앞단을 사진과 같이 잡아주세요.

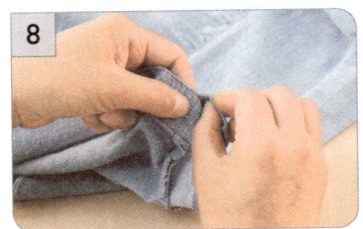

시접을 쥔 채로 앞단을 옷깃 속으로 넣어요.

옷깃을 정리하세요.

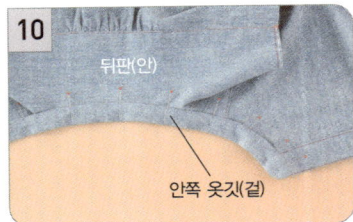

뒤판(안)

안쪽 옷깃(겉)

안쪽 옷깃을 시침핀으로 고정해요.

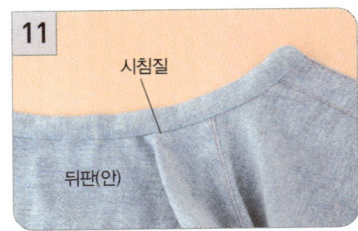

시침질

뒤판(안)

안쪽 옷깃의 가장자리에 시침질해요. 겉쪽에서 보았을 때 땀이 옷깃이 아닌 몸판을 지나가는지 확인하세요.

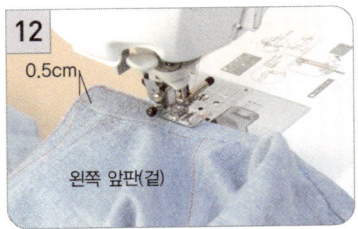

0.5cm

왼쪽 앞판(겉)

옷깃을 박아요. 왼쪽 앞판의 겉쪽 옷깃 쪽에서 박기 시작해요. 되박음질은 하지 않아요.

8 소매를 만든다.

옷깃이 완성되었네요.

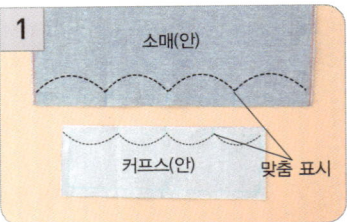

소매(안)

커프스(안)

맞춤 표시

소매와 커프스에 맞춤 표시를 넣으세요.

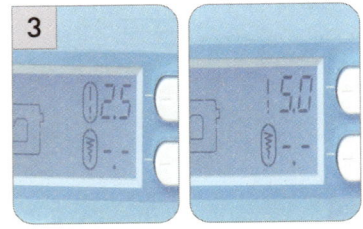

재봉틀을 조절해서 땀 길이를 최대한으로 늘려주세요.

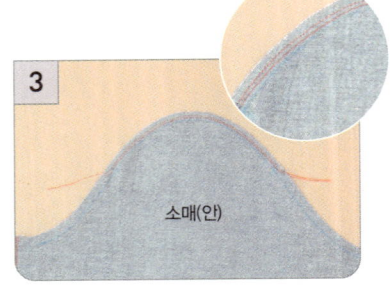

소매(안)

소맷마루와 소맷부리를 성기게 박아요. 소맷마루는 완성선에서 0.3cm 간격으로 2줄을, 소맷부리는 완성선 위아래로 0.5cm 떨어진 자리를 박아요.

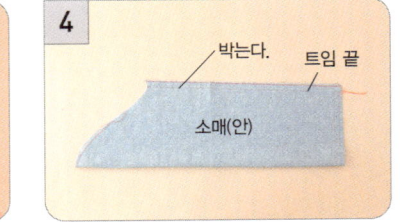

박는다.

트임 끝

소매(안)

소매 옆선을 박아요. 시침핀으로 고정해 놓고, 트임 끝까지 박으세요. 트임 부분에는 반드시 되박음질을 해야 해요.

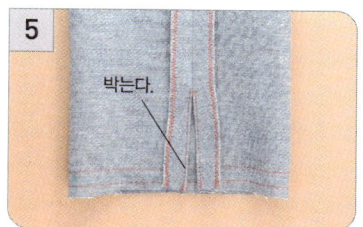

시접을 벌려서 다림질해요. 트임 부분을 박아주세요.

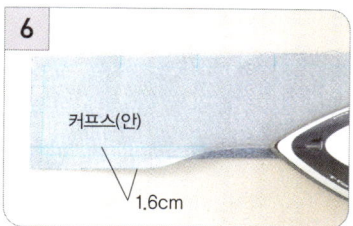

커프스의 가장자리에서 1.6㎝ 떨어진 자리를 초크 펜으로 그어주세요. 이 선에 맞춰서 단을 접어가며 다려요.

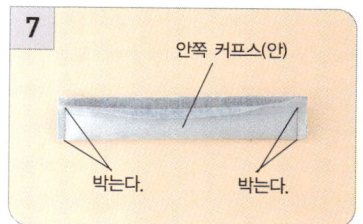

겉끼리 맞대고 양쪽 끝을 박아요.

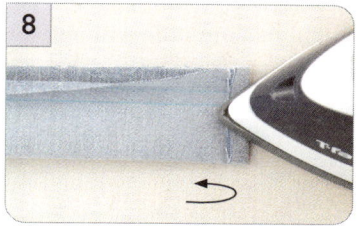

봉제선을 기준으로 양쪽 끝의 시접을 접어서 다려요.

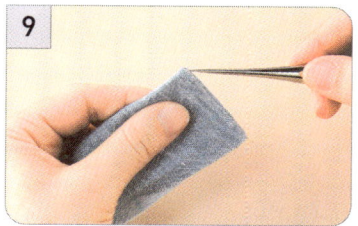

겉쪽으로 뒤집고, 송곳을 이용해서 모서리를 예쁘게 잡아 빼세요.

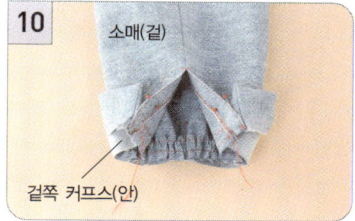

소매의 겉과 겉쪽 커프스를 겹쳐놓고, 시침핀으로 고정해요.

소매 안쪽에서 박으세요.

주름 부분의 시접을 다리미로 눌러가며 정리해요.

커프스를 내려서 봉제선을 다리고, 큰 땀으로 성기게 박아주세요.

커프스를 안쪽으로 접어 올려서 시침핀으로 고정해요.

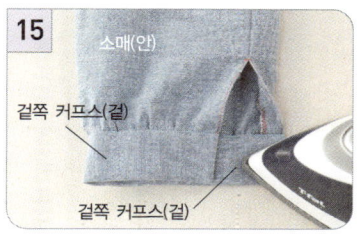

안쪽 커프스의 단을 시침해요. 겉쪽에서 보았을 때 커프스가 아닌, 소머 쪽으로 땀이 지나가야 해요.

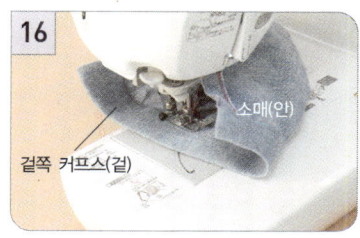

소매를 뒤집어서 겉쪽 커프스 쪽에서 빙 둘러가며 박아요.

다 박으면 이런 모양이 돼요.

소맷마루의 실을 조금씩 당겨서(약 2cm) 소맷마루를 오그려요.

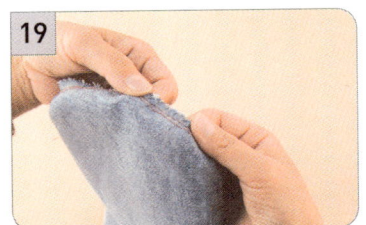

주름을 균등하게 잡아주세요.

수건의 곡선 부분에 소맷마루를 대고 시접을 다려서 정리해요. 주름이 지지 않도록 시접에만 물을 묻혀서 다리미로 잘 펴주세요.

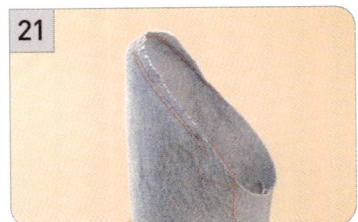

소맷마루가 곡선을 그리며 살짝 솟아올랐어요. 이걸 홈줄임(ease), 또는 여유분이라고 해요.

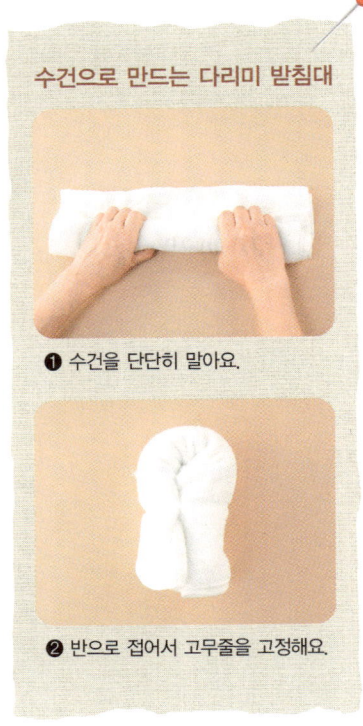
9 소매를 단다.

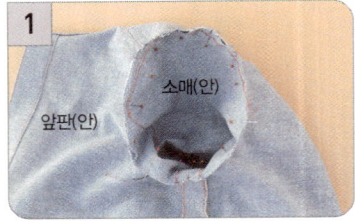

소매를 몸판에 달아요. 다는 방법은 18~20 쪽을 참조하세요.

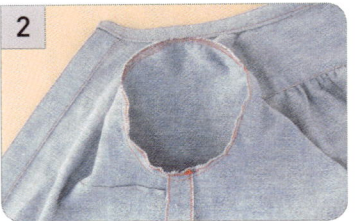

몸판 쪽에서 시접 두 장을 한꺼번에 지그재그로 박아요.

10 단춧구멍을 만들고, 단추를 단다.

노루발을 단춧구멍 노루발로 바꿔주세요.

단춧구멍 기능으로 조절해 주세요.

단춧구멍의 위치를 시침핀으로 표시해요.

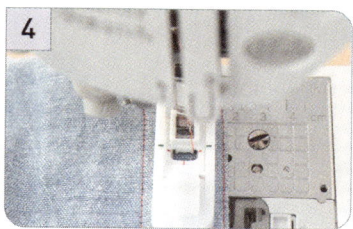

4

먼저 다른 천에 연습해 보세요. 단추가 구멍에 잘 들어가는지 확인하고 나서 단춧구멍을 만들어 주세요.

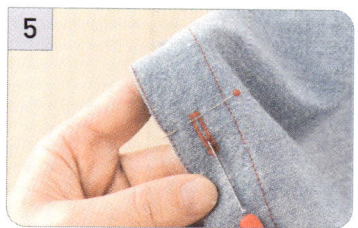

5

실뜯개나 가위로 구멍을 뚫어요. 시침핀을 꽂아두면 움직이지 않아 안전해요.

6

단춧구멍이 완성되었어요.

이런 모양이에요.

7

앞단을 겹쳐놓고 단춧구멍의 중간에 단추 달 자리를 표시해요.

8

표시한 위치에 단추를 달아요.

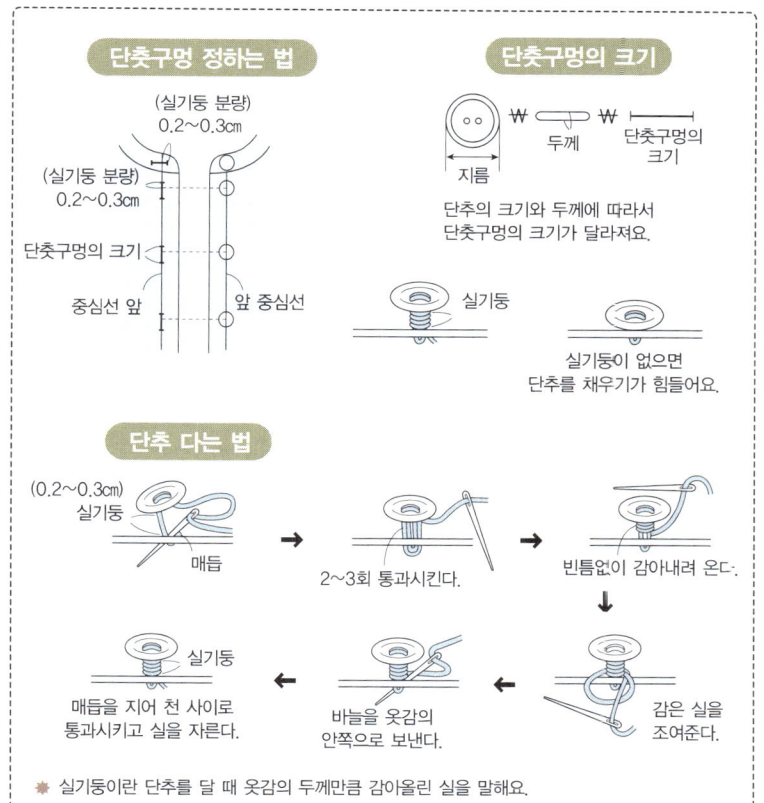

단춧구멍 정하는 법

(실기둥 분량)
0.2~0.3cm

(실기둥 분량)
0.2~0.3cm

단춧구멍의 크기

중심선 앞   앞 중심선

단춧구멍의 크기

지름   두께   단춧구멍의 크기

단추의 크기와 두께에 따라서 단춧구멍의 크기가 달라져요.

실기둥

실기둥이 없으면 단추를 채우기가 힘들어요.

단추 다는 법

(0.2~0.3cm)
실기둥

매듭

➡ 2~3회 통과시킨다.

➡ 빈틈없이 감아내려 온다.

⬇

감은 실을 조여준다.

⬅ 바늘을 옷감의 안쪽으로 보낸다.

⬅ 실기둥

매듭을 지어 천 사이로 통과시키고 실을 자른다.

✽ 실기둥이란 단추를 달 때 옷감의 두께만큼 감아올린 실을 말해요.

완성

7

8

민소매 로웨이스트 원피스

시원스런 느낌을 주는 민소매 원피스예요.
블루 셔츠 원피스(no.7)를 변형해서 만들었어요.
낮은 절개선에 주름을 넣어서 여성스러운 느낌을 살렸답니다.
바지나 레깅스와 같이 입어도 참 귀여워요.

❦ 만든 이 : 가네마루 가호리 ❦ 실물 크기의 옷본 수록

9

재료		S	M	L
옷감 (면 레이스)	110cm 폭	2m	2m 10cm	2m 20cm
접착심지	90cm 폭	50cm	60cm	60cm
단추	지름 1.5cm	6개	6개	6개
바이어스테이프	12.7mm 폭	100cm	110cm	110cm
● 완성 치수	전체 길이	81.5cm	85.5cm	89cm
	가슴	95cm	101cm	107cm

□ =실물 크기의 옷본
● =S치수
● =M치수
● =L치수
● =공통

· 실물 크기의 옷본은 B면의 no.9를 사용하세요.

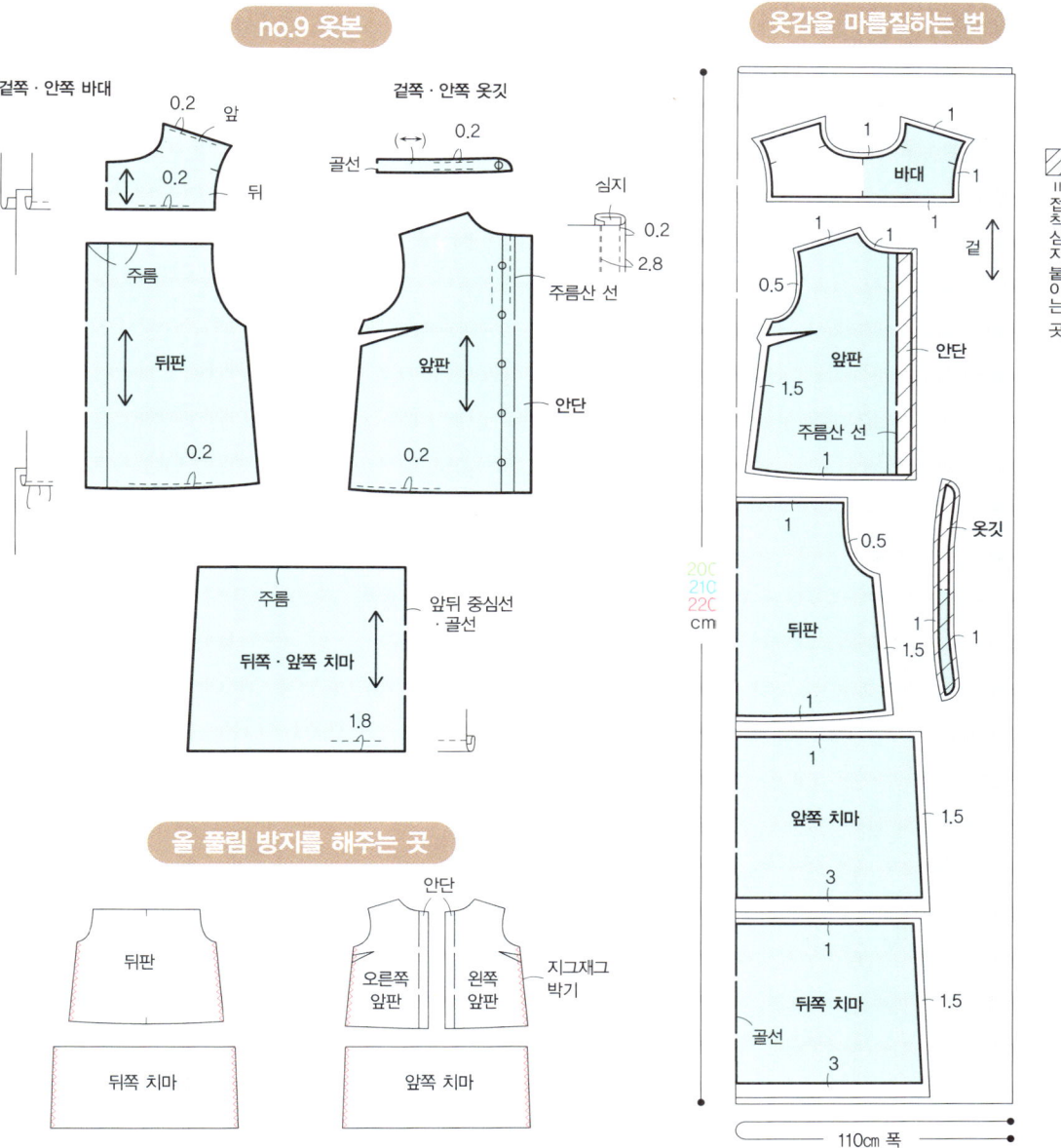

no.9 옷본

옷감을 마름질하는 법

올 풀림 방지를 해주는 곳

▨ =접착심지 붙이는 곳

만드는 순서

1 다트를 박는다.

2 뒤쪽 몸판에 주름을 잡아 바대와 박는다.
앞쪽 몸판과 바대를 박는다.

3 옆선을 박는다. (치마의 옆선도 박는다.)

4 밑단을 박는다.

5 앞단을 박는다.

6 옷깃을 만든다.

7 옷깃을 단다.

8 몸판과 치마를 박는다.

9 소맷마루 둘레의 시접을 감싼다.

10 단춧구멍을 만들고, 단추를 단다.

* 은 34~41쪽의 설명을 참조하세요.

3 옆선을 박는다.

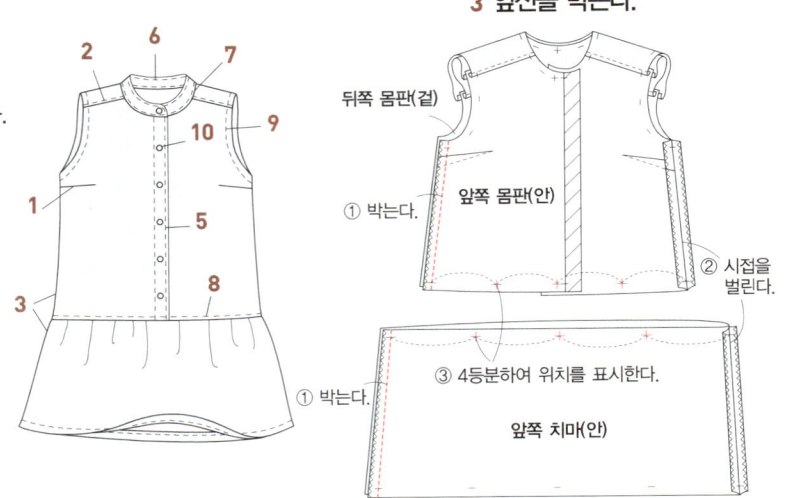

뒤쪽 몸판(겉)

① 박는다.

② 시접을 벌린다.

① 박는다.

③ 4등분하여 위치를 표시한다.

앞쪽 치마(안)

8 몸판과 치마를 박는다.

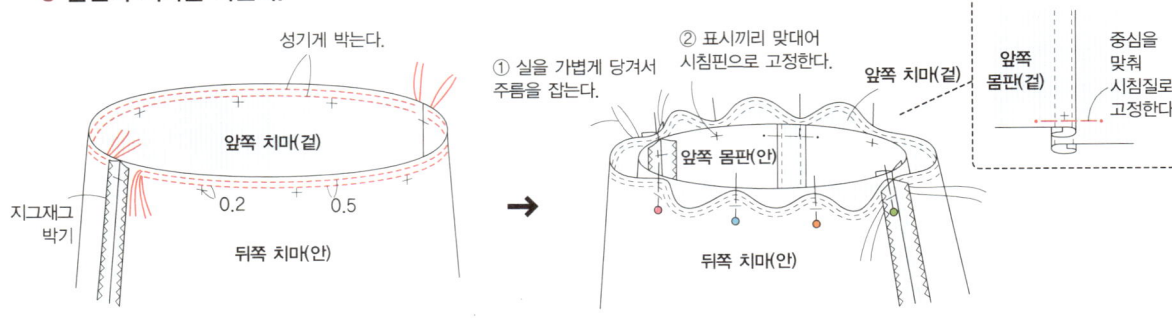

성기게 박는다.

앞쪽 치마(겉)

지그재그 박기

0.2   0.5

뒤쪽 치마(안)

① 실을 가볍게 당겨서 주름을 잡는다.

② 표시끼리 맞대어 시침핀으로 고정한다.

앞쪽 치마(겉)

앞쪽 몸판(안)

뒤쪽 치마(안)

앞쪽 몸판(겉)

중심을 맞춰 시침질로 고정한다.

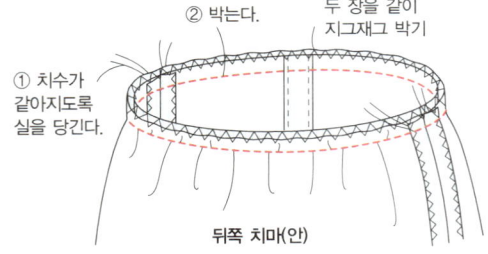

② 박는다.   두 장을 같이 지그재그 박기

① 치수가 같아지도록 실을 당긴다.

뒤쪽 치마(안)

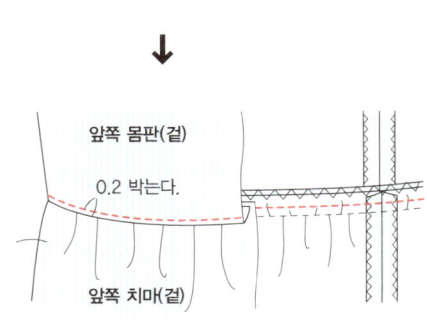

앞쪽 몸판(겉)

0.2 박는다.

앞쪽 치마(겉)

9 소맷마루 둘레의 시접을 감싼다.

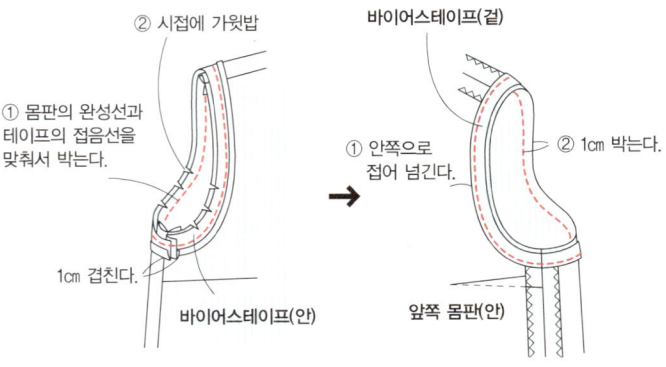

② 시접에 가윗밥

① 몸판의 완성선과 테이프의 접음선을 맞춰서 박는다.

1cm 겹친다.

바이어스테이프(안)

바이어스테이프(겉)

① 안쪽으로 접어 넘긴다.

② 1cm 박는다.

앞쪽 몸판(안)

5부 소매 로웨이스트 원피스

옷깃은 없애고 5부 소매를 달고 절개선 아래를 조금 내렸어요.
타탄 체크의 거즈 원단은 청바지나 다른 옷과도
참 잘 어울립니다. 물론 하나만 입어도 깔끔하지요.

❦ 만든 이 : 가네마루 가호리 ❦ 실물 크기의 옷본 수록

10

재료		S	M	L
옷감 (더블 거즈)	110cm 폭	2m 60cm	2m 70cm	2m 80cm
접착심지	90cm 폭	50cm	60cm	60cm
단추	지름 1.5cm	5개	5개	5개
바이어스테이프	12.7mm 폭	50cm	50cm	50cm
● 완성 치수	전체 길이	88.5cm	92.5cm	96.5cm
	가슴	95cm	101cm	107cm
	소매	34.2cm	36cm	36.8cm

◻ =실물 크기의 옷본
● =S치수
● =M치수
● =L치수
● =공통

· 실물 크기의 옷본은 B면의 no.10을 사용하세요.

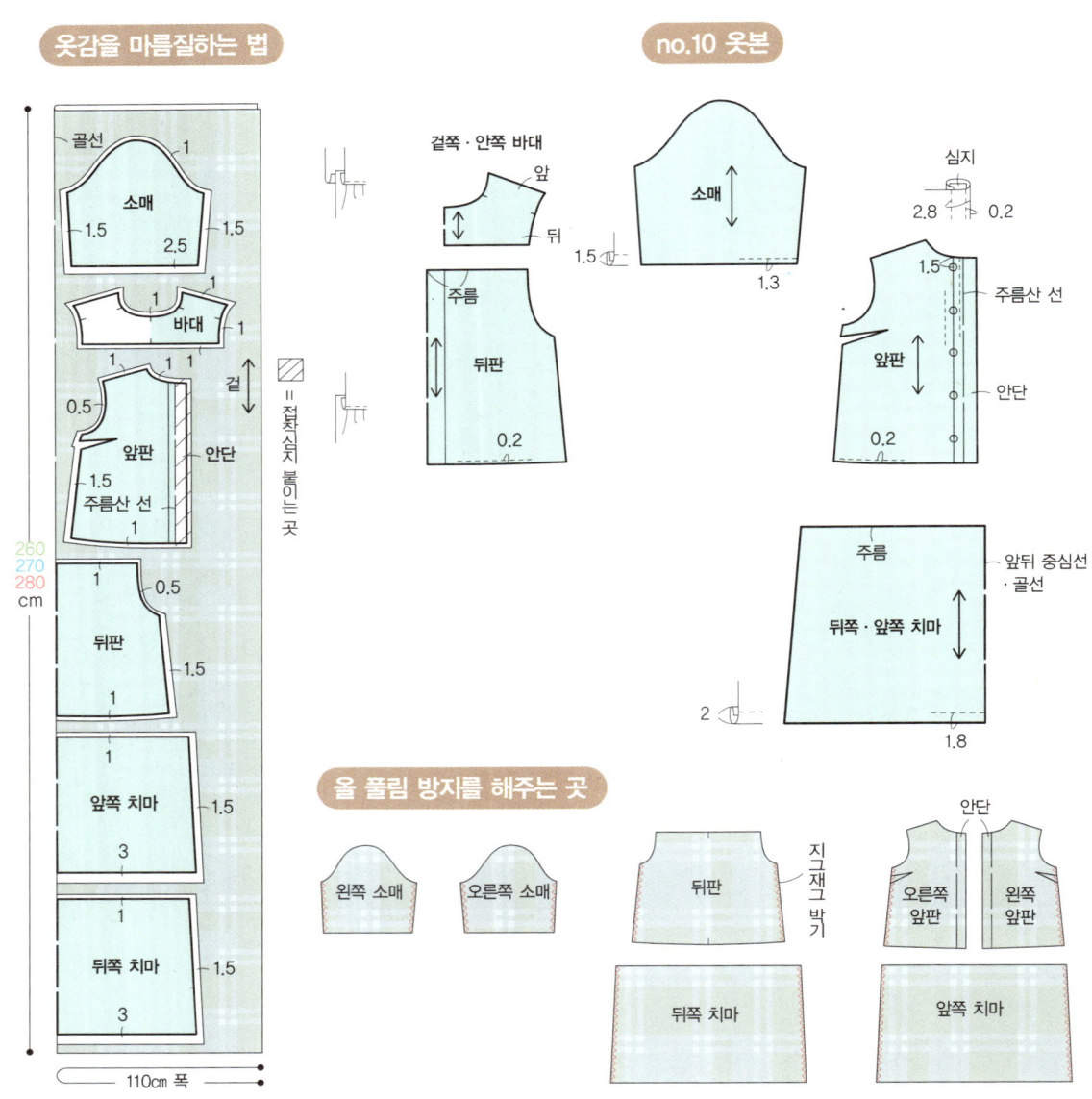

옷감을 마름질하는 법

no.10 옷본

올 풀림 방지를 해주는 곳

1 다트를 박는다.

2 뒤판에 주름을 잡아 바대와 박는다.
　　앞판과 바대를 박는다.

3 목둘레선의 시접을 감싼다.

4 앞단을 박는다.

5 옆선을 박는다.(치마의 옆선도 박는다.)

6 밑단을 박는다.

7 몸판과 치마를 박는다.

8 소매를 만든다.

9 소매를 단다.

10 단춧구멍을 만들고, 단추를 단다.

* 　　은 34~41쪽의 설명을 참조하세요.

* 3번 목둘레선의 시접을 감쌀 때 바이어스테이프의 모양 잡는 법은 15쪽을 참조하세요.

* 5번과 7번은 44쪽을 참조하세요.

3 목둘레선의 시접을 감싼다.

바이어스테이프

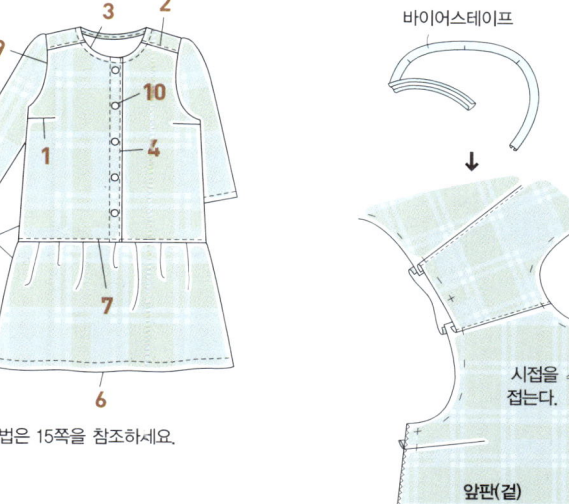

중심선

시접을
접는다.

접착심지

앞판(겉)

앞단을
접는다.

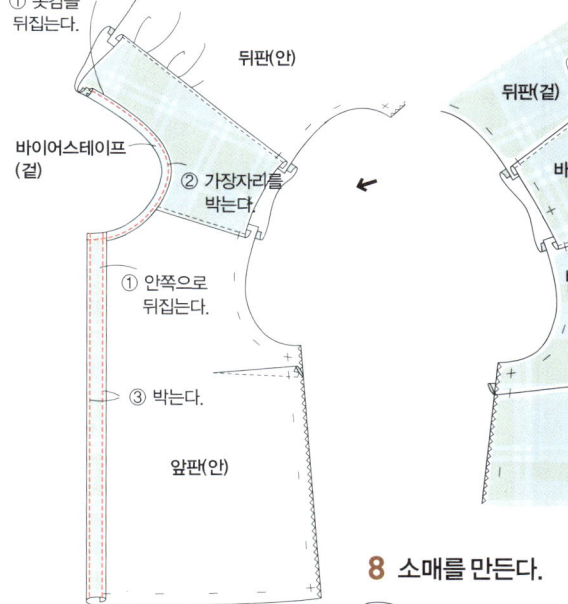

① 옷감을
뒤집는다.

뒤판(안)

바이어스테이프
(겉)

② 가장자리를
박는다.

① 안쪽으로
뒤집는다.

③ 박는다.

앞판(안)

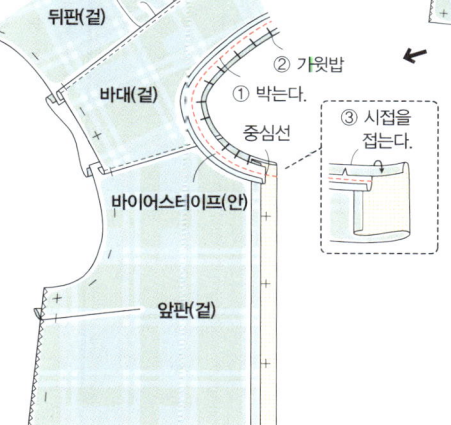

뒤판(겉)

바대(겉)

② 가윗밥

① 박는다.

중심선

바이어스테이프(안)

③ 시접을
접는다.

앞판(겉)

8 소매를 만든다.

① 박는다.

소매(안)

② 시접을
벌린다.

소매(안)

① 접는다.

② 1.5cm
접는다.

1.3

③ 박는다.

보더 레이스 캐미솔 원피스

레이어드 룩에서 빼놓을 수 없는 캐미솔 원피스예요.
면마 혼방의 보더 레이스 옷감을 사용했어요.
옷자락이 레이스라서 여성스럽고 사랑스러워 보여요.

❦ 만든 이 : 가네마루 가호리　❦ 만드는 법 : p.51
❦ 실물 크기의 옷본 수록

11

푸른색 도비 체크 캐미솔

캐주얼한 느낌의 푸른색 도비 체크 무늬 캐미솔이에요.
보더 레이스 캐미솔 원피스(no.11)의 길이만 줄이면
간단하게 만들 수 있어요.

❦ 만든 이 : 후쿠다 미호   ❦ 만드는 법 : p.51
❦ 실물 크기의 옷본 수록

12

잔꽃무늬 캐미솔

핑크 컬러가 사랑스러운 잔꽃무늬 옷
감을 사용해 캐미솔을 만들었어요. 푸
른색 도비 체크 캐미솔(no.12)과 똑같
은 방법으로 만들었어요. 귀여운 스타
일에 캐주얼한 분위기가 기분까지 경
쾌해집니다.

🎀 만든 이 : 후쿠다 미호
🎀 만드는 법 : p.51
🎀 실물 크기의 옷본 수록

재료		S	M	L
no.11 옷감 (마 보더 스캘럽 레이스) 116cm 폭		1m 40cm	1m 50cm	1m 60cm
no.12 옷감 (도비 체크)	110cm 폭	1m 30cm	1m 40cm	1m 50cm
no.13 옷감 (면 브로드클로스)	110cm 폭	1m 30cm	1m 40cm	1m 50cm
● 완성 치수	no.11 전체 길이	79.3cm	83.5cm	87.2cm
	no.12 · 13 전체 길이	59.3cm	62.5cm	65.2cm
	가슴	106cm	112cm	118cm

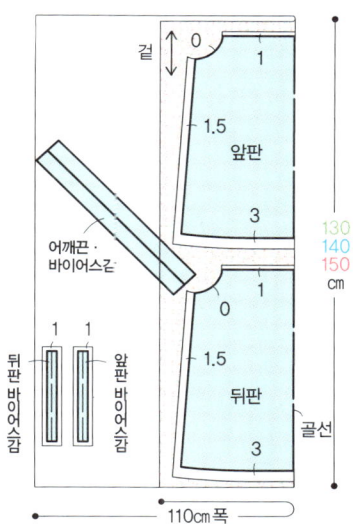

no.11의 재료

❶ 옷감

· 실물 크기의 옷본은 A면의 no.11 · 12 · 13을 사용하세요.
· 어깨끈 · 바이어스감은 시접을 두지 않고 마름질하세요.

no.11 · 12 · 13 옷본

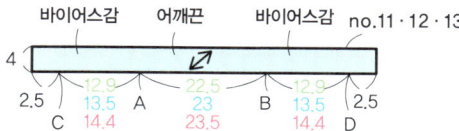

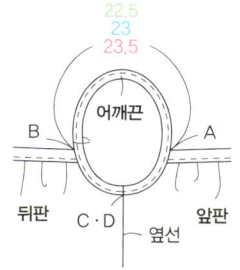

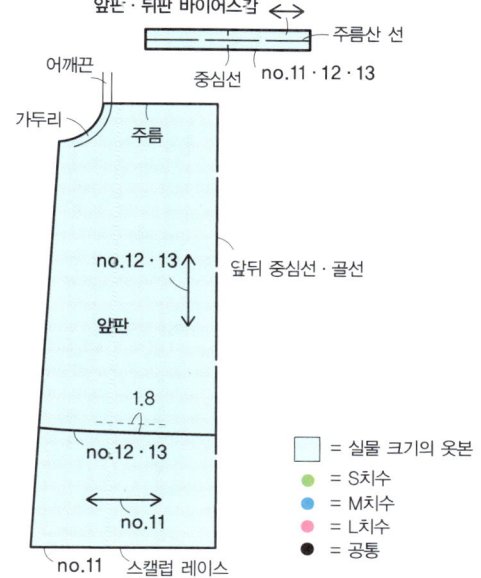

= 실물 크기의 옷본
= S치수
= M치수
= L치수
= 공통

no.11 옷감 마름질하는 법

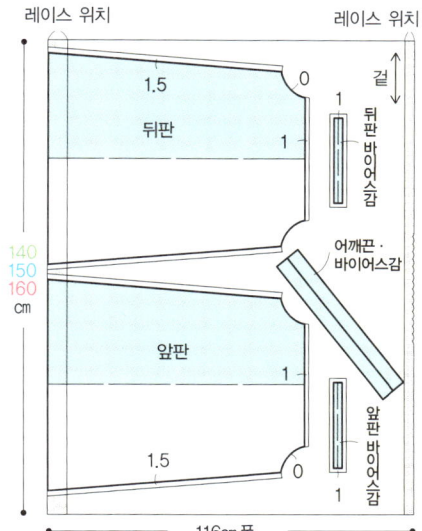

no.12 · 13 옷감 마름질하는 법

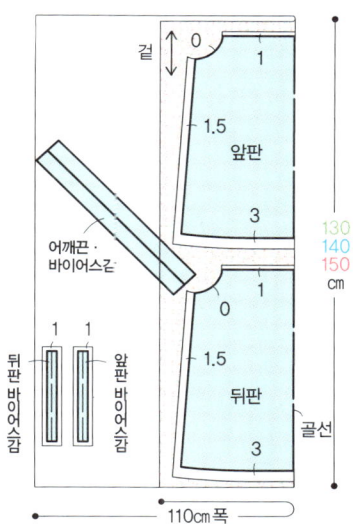

1 앞판의 목둘레를 바이어스감으로 감싼다.

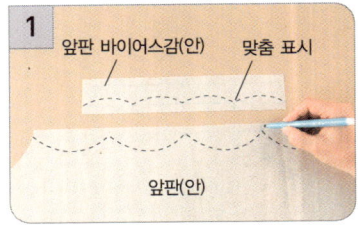

앞판과 앞판 바이어스감을 4등분하여 각각 표시해요.

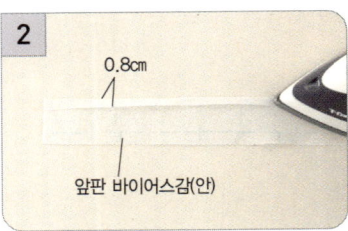

앞판 바이어스감의 한쪽 가장자리를 0.8cm 접어요.

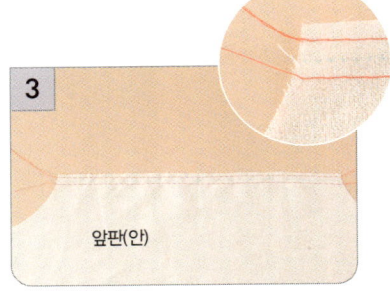

큰 땀으로 몸판의 목둘레를 성기게 박아요.

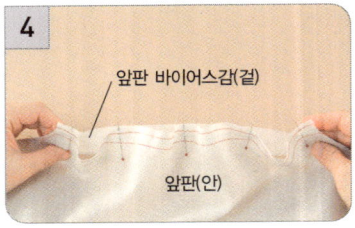

맞춤 표시끼리 맞대어 시침핀으로 고정해요.

실 두 가닥을 같이 잡아당겨서 중심에서 끝까지 균일하게 주름을 잡아주세요.(반대쪽도 마찬가지) 끝에서 1.5cm는 주름을 잡지 않아요.

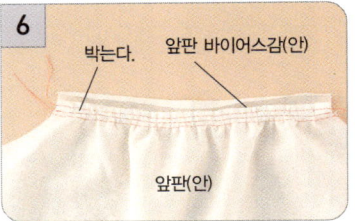

송곳으로 주름을 정리하면서 천천히 박아요. (17쪽의 소매주름 만드는 법 참조)

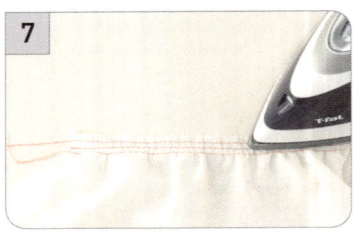

시접만 다리면서 주름을 정리해요.

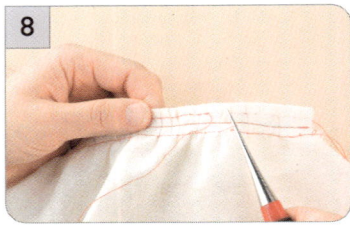

성긴 봉제 실을 송곳으로 빼내요.

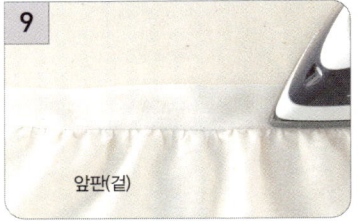

앞판의 겉쪽에서 시접을 위로 올리고 다림질해요.

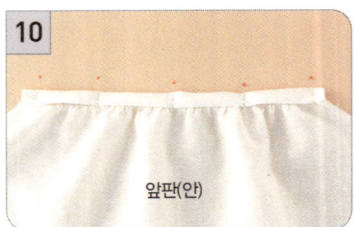

안쪽으로 접어서 앞판 바이어스감을 완성선에 맞추고, 시침핀으로 고정해요.

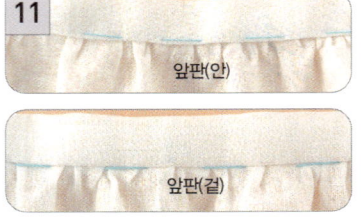

안쪽에서 바이어스감의 가장자리를 시침해요. 겉쪽에서 보았을 때 바이어스감이 아니라 몸판에 땀이 지나가야 해요.

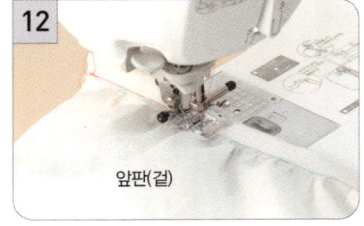

앞판의 겉에서 바이어스감의 가장자리를 박고, 시침실을 빼내요.

2 옆선을 박는다.

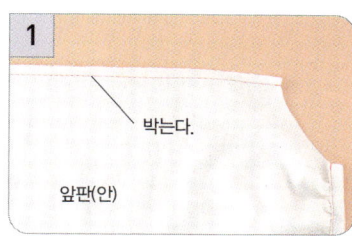

1

박는다.

앞판(안)

옆선을 박아요(14쪽의 옆선 박는 법 참조).

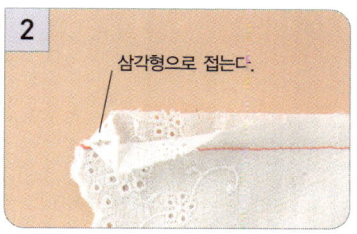

2

삼각형으로 접는다.

밑단의 시접이 밖으로 나오지 않게 모서리를 삼각형으로 접어요.

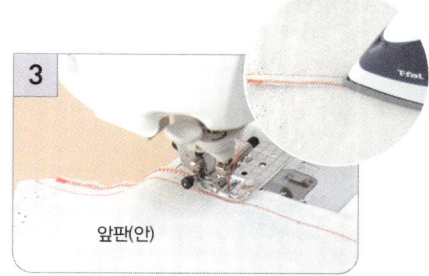

3

앞판(안)

비치는 옷감이므로 옆선을 박고 나서 앞쪽에서 시접 두 장을 같이 지그재그로 박아주세요. 다림질로 시접을 뒤쪽으로 넘겨요.

3 어깨끈 · 바이어스감을 박는다.

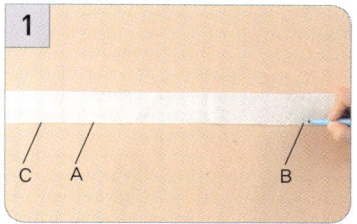

1

C   A   B

어깨끈 · 바이어스감에 A · B · C · D를 표시해요(51쪽의 옷본 참고).

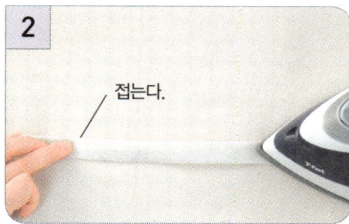

2

접는다.

반으로 접어 다려요.

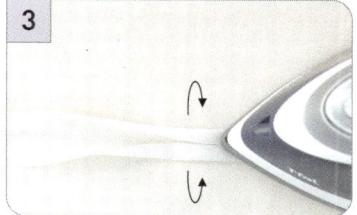

3

펼쳐서 양쪽 가장자리가 맞닿도록 접어요.

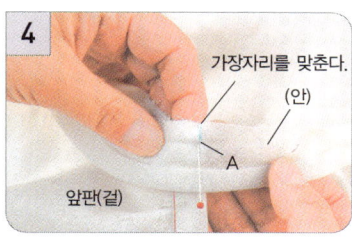

4

가장자리를 맞춘다.

(안)

A

앞판(겉)

어깨끈 · 바이어스감의 A 위치와 몸판 바이어스감의 가장자리를 시침핀으로 고정해요.

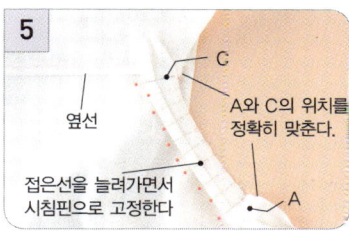

5

C

옆선

A와 C의 위치를 정확히 맞춘다.

접은선을 늘려가면서 시침핀으로 고정한다

A

옆선을 향해서 가장자리를 맞춰나가요. 접은선을 늘려가면서 시침핀으로 고정하세요.

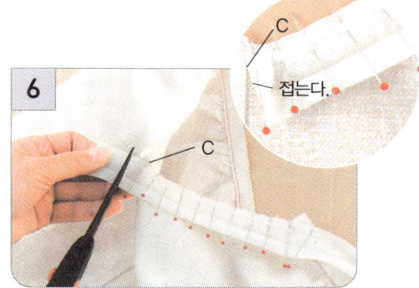

6

C

접는다.

C

C에서 1㎝ 떨어진 위치를 자르고, 접어서 시침핀으로 고정해요.

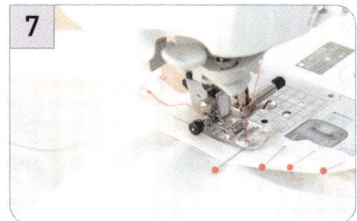

7

어깨끈 · 바이어스감의 접음선 위를 C부터 박아나가요.

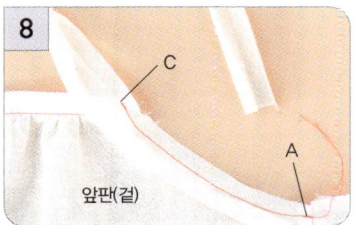

8

C

A

앞판(겉)

박고 나서 천이 비틀어지지 않게 주의하고 뒤쪽도 마찬가지로 맞춤 표시 B와 몸판 바이어스감의 가장자리를 맞춰서 옆선(맞춤 표시 D)까지 박아주세요.

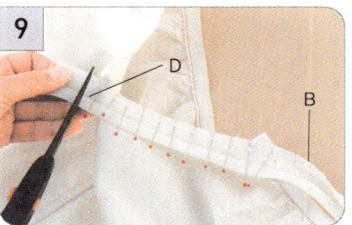

9

D

B

옆선(맞춤 표시 D)에서 1㎝ 떨어진 곳을 잘라요.

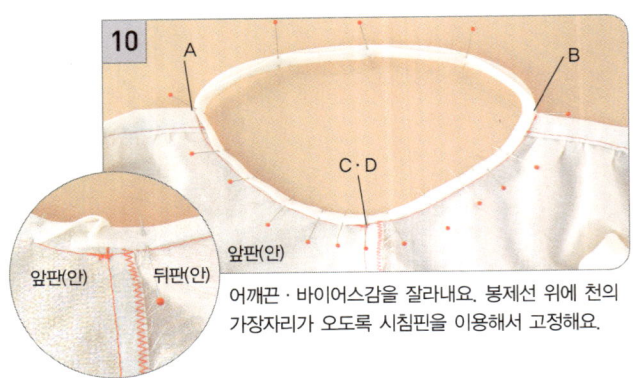

10 어깨끈·바이어스감을 잘라내요. 봉제선 위에 천의 가장자리가 오도록 시침핀을 이용해서 고정해요.

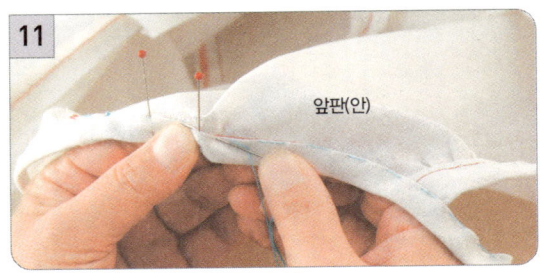

11 어깨끈·바이어스감의 가장자리를 시침해요.

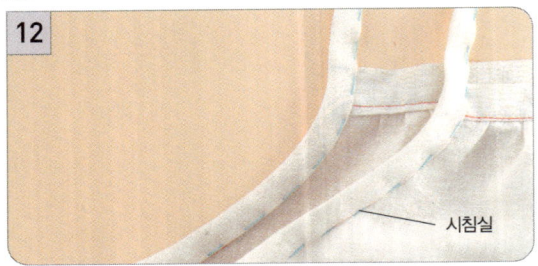

12 시침한 모습이에요.

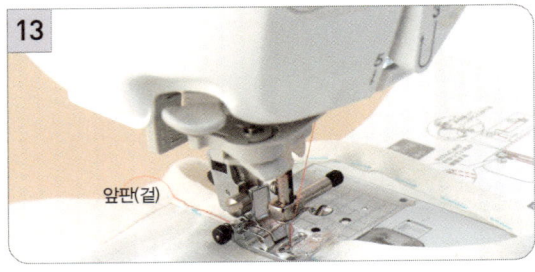

13 옆선에서부터 박아나가요. 곡선이 이어지므로 천천히, 신중하게 박으세요.

14 몸판 바이어스감까지 오면 2~3땀 되박음질을 하고서 진행하세요.

15 오른쪽의 어깨끈·바이어스감을 완성한 모습이에요. 왼쪽도 마찬가지로 작업해 주세요.

완성

퍼프 소매 튜닉

물방울 무늬가 앙증맞은 퍼프 소매 튜닉이에요.
목둘레선에 고무줄을 넣어서 자연스럽게 주름을 잡았답니다.
래글런 소매라서 활동하기 참 편해요.

🌱 만든 이 : 스미타니 유키쓰코 🌱 만드는 법 : p.57
🌱 실물 크기의 옷본 수록

14

7부 소매
울 거즈 원피스

퍼프 소매 튜닉(no.14)의 소매와 길이
를 조금씩 길게 하면 훌륭한 원피스가
돼요. 울 거즈로 만들어서 쌀쌀한 날
씨에도 따뜻하게 입을 수 있지요. 검
은색 터틀넥을 받쳐 입으면 세련된 분
위기를, 밝은색 터틀넥을 받쳐 입으면
발랄한 분위기를 낼 수 있어요.

❦ 만든 이 : 스미타니 유키쓰코
❦ 만드는 법 : p.57
❦ 실물 크기의 옷본 수록

재료			S	M	L
no.14 옷감 (시팅)		110㎝ 폭	1m 90㎝	2m	2m 10㎝
no.15 옷감 (울 거즈)		130㎝ 폭	2m 60㎝	2m 70㎝	2m 80㎝
고무줄		0.6㎝ 폭	1m 40㎝	1m 50㎝	1m 50㎝
바이어스테이프		12.7㎝ 폭	1m 20㎝	1m 20㎝	1m 30㎝
● 완성 치수	no.14 전체 길이		68.5㎝	71.5㎝	74㎝
	no.15 전체 길이		92㎝	96.5㎝	100㎝
	가슴		98㎝	104㎝	110㎝
	no.14 소매 길이		24.3㎝	25㎝	25.5㎝
	no.15 소매 길이		45.8㎝	48㎝	48.8㎝

· 실물 크기의 옷본은 A면의 no.14·15를 사용하세요.

no.14의 재료

❶ 옷감 ❷ 고무줄
❸ 바이어스테이프

no.14 · 15 옷본

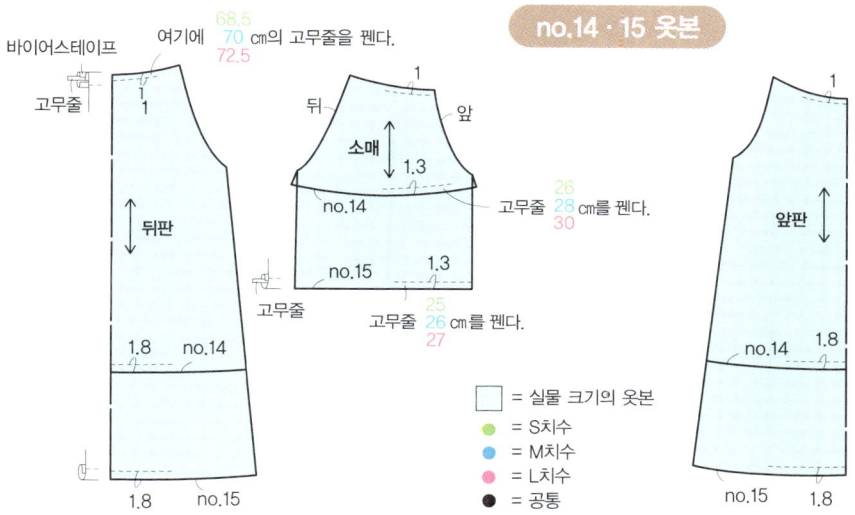

바이어스테이프
고무줄
여기에 68.5 / 70 / 72.5 ㎝의 고무줄을 꿴다.

뒤판
1
1
1.8 no.14
1.8 no.15

뒤 앞
소매
1.3
no.14
1.3
no.15
고무줄 26 / 28 / 30 ㎝를 꿴다.
고무줄
고무줄 25 / 26 / 27 ㎝를 꿴다.

앞판
1
no.14 1.8
no.15 1.8

= 실물 크기의 옷본
● = S치수
● = M치수
● = L치수
● = 공통

no.14 옷감을 마름질하는 법

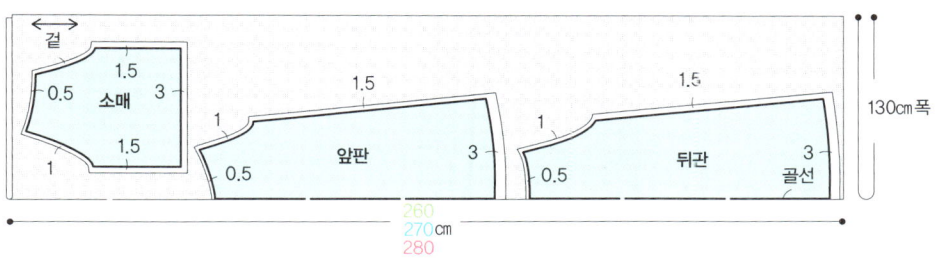

소매
1.5
1
0.5 3
1
1.5
겉

앞판
1.5
1
0.5 3

뒤판
1.5
0.5 3
골선

110㎝ 폭

190 / 200 / 210 ㎝

울 풀림 방지를 해주는 곳

오른쪽 소매
지그재그 박기
뒤판
왼쪽 소매
앞판

no.15 옷감을 마름질하는 법

겉
소매
1.5
0.5 3
1.5
1

앞판
1
0.5 1.5 3

뒤판
1
0.5 1.5 3
골선

130㎝ 폭

260 / 270 / 280 ㎝

✤ no.14의 작품을 예로 들어 설명합니다.

1 옆선을 박는다.

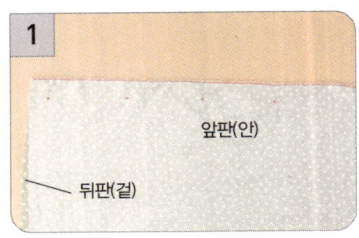

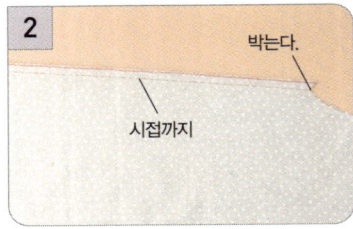

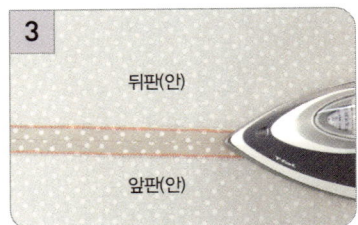

앞판과 뒤판의 겉끼리 맞대고, 시침핀으로 고정해요.

옆선을 박아요. 시작과 끝에는 되박음질을 하세요.

봉제선을 다리고서 시접을 좌우로 벌려요.

2 밑단을 박는다.

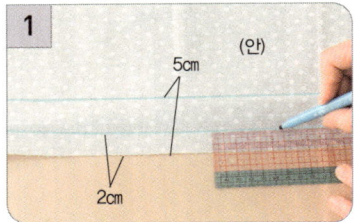

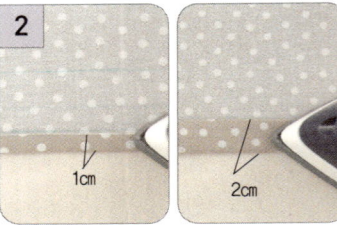

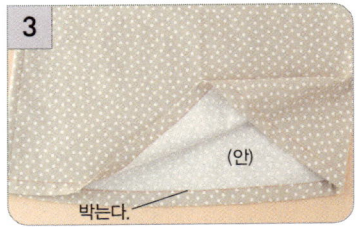

가장자리에서 2cm와 5cm 떨어진 자리에 초크 펜으로 선을 그어요.

선에 맞춰서 두 번 접고, 접을 때마다 다림질해요.

안쪽에서 단의 가장자리를 박아요.

3 소매를 만든다.

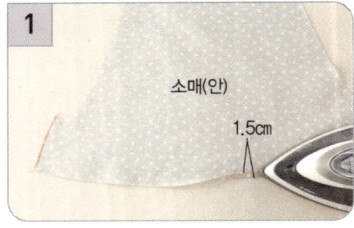

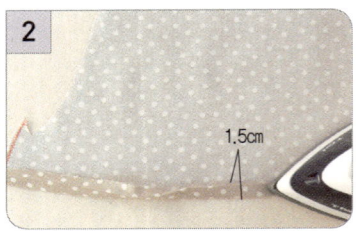

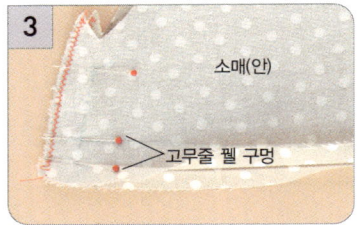

소맷부리의 가장자리를 완성선에 맞춰서 접어요.

완성선을 따라서 다시 접어요.

소맷부리의 시접을 내려서 시침핀으로 고정해요.

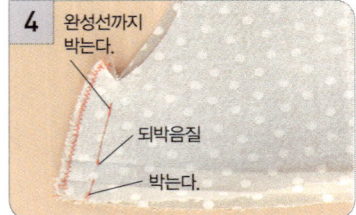

고무줄을 꿸 구멍과 몸판에 달 시접을 제외하고 박아주세요.

다리면서 시접을 벌려요.

소맷부리 둘레를 접어 올려서 시침핀으로 고정해요.

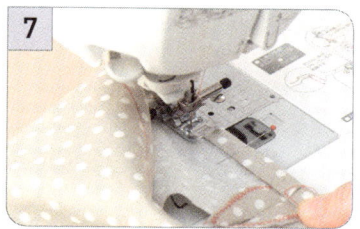

7 소매 옆선의 한 땀 앞에서부터 빙 둘러 박기 시작해요.

8 다 박으면 이런 모양이 돼요.

9 정해진 치수에서 2㎝의 시접을 더한 고무줄을 끼워주세요. 반대쪽 끝이 딸려 들어가지 않도록 시접을 시침핀으로 고정해 두세요.

10 고무줄을 끼운 후 2㎝의 시접만큼 겹쳐놓고, 시침핀으로 고정해요.

11 고무줄의 겹친 부분을 박아요.

12 소맷부리의 주름을 예쁘게 잡으면 완성이에요.

4 몸판과 소매를 박는다.

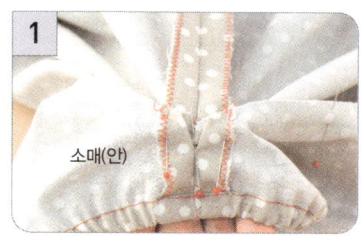

1 소매 옆선에서 완성선을 표시해 둔 곳과 몸판의 옆선을 시침핀으로 고정해요. 목둘레선의 단과 맞대어 시침핀으로 고정하고, 핀과 핀 사이를 군데군데 고정해 주세요.

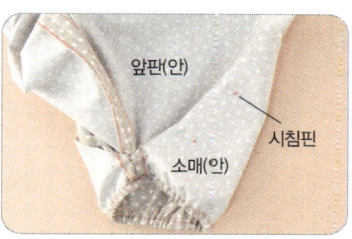

2 소매를 위로 놓고, 뒤쪽에서 앞쪽으로 빙 둘러 박아요.

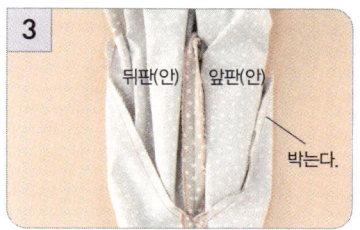

3 다 박으면 이런 모양이 돼요.

4 봉제선을 다리고, 시접은 소매 쪽으로 넘겨주세요.

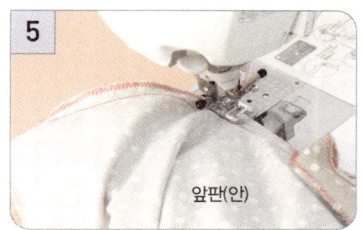

5 몸판 쪽에서 시접을 지그재그로 박아요.

5 목둘레선의 시접을 감싼다.

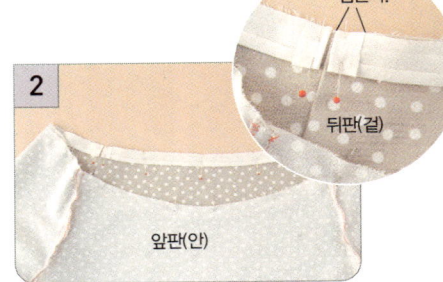
접는다.

뒤판(겉)

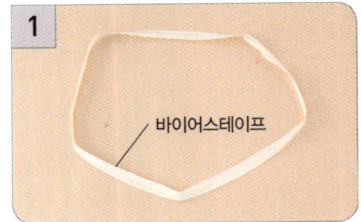

6

지그재그 박기

소매(안)

앞판(안)   뒤판(안)

다 박으면 이런 모양이 돼요.

1

바이어스테이프

목둘레선의 곡선에 맞도록 바이어스테이프의 모양을 잡아주세요(15쪽 바이어스테이프 모양 잡기 참조).

2

앞판(안)

뒤쪽의 왼쪽 봉제선부터 바이어스테이프를 둘러가며 시침핀으로 고정해요. 가장자리를 맞춰가면서 테이프의 접음선에 핀을 꽂아주세요.

3

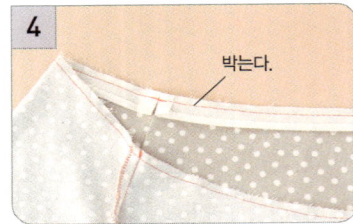

되박음질을 하고서 접음선을 따라 박아요.

4

박는다.

다 박은 모습이에요.

5

뒤판(안)

바이어스테이프를 안쪽으로 넘겨서 다려주세요.

6

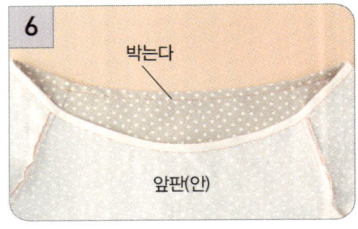

박는다

앞판(안)

안쪽에서 바이어스테이프의 단을 빙 둘러가며 박아요. 처음과 끝에는 되박음질을 하세요.

7

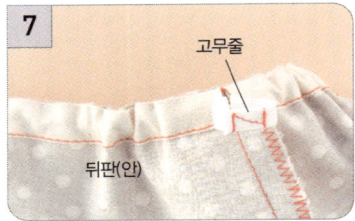

고무줄

뒤판(안)

목둘레 바이어스테이프에 고무줄을 꿰어요. 59쪽의 소맷부리에 고무줄 넣고 마무리하는 방법과 같아요.

14

15

꽃무늬 주름 원피스

연두빛 바탕에 핑크와 블루 꽃무늬가 싱그러운 봄빛을 그대로 닮았어요. 절개선 아래로 주름을 잡은 여성스러운 원피스예요. 섬세한 꽃무늬가 사랑스러운 면 원단을 사용했답니다.

❦ 만든 이 : 오타 히데미   ❦ 실물 크기의 옷본 수록

16

재료		S	M	L
옷감 (면 브로드클로스)	110cm 폭	2m 30cm	2m 40cm	2m 50cm
고무줄	0.6cm 폭	1m 40cm	1m 50cm	1m 50cm
바이어스테이프	12.7mm 폭	1m 20cm	1m 20cm	1m 30cm
● 완성 치수	전체 길이	87.5cm	91.5cm	95cm
	가슴	98cm	104cm	110cm
	소매 길이	45.8cm	48cm	48.8cm

= 실물 크기의 옷본
● = S치수
● = M치수
● = L치수
● = 공통

· 실물 크기의 옷본은 B면의 no.16을 사용하세요.

옷감을 마름질하는 법

no.16 옷본

올 풀림 방지를 해주는 곳

만드는 순서

1 옆선을 박는다.(주름장식의 옆선도 박는다.)
2 주름장식의 밑단을 박는다.
3 몸판과 주름장식을 박는다.

4 소매를 박고, 고무줄을 꿴다.
5 몸판과 소매를 박는다.
6 목둘레선의 시접을 감싸고, 고무줄을 꿴다.

* ☁ 은 52~54쪽의 설명을 참조하세요.

1 옆선을 박는다.(주름장식의 옆선도 박는다.)

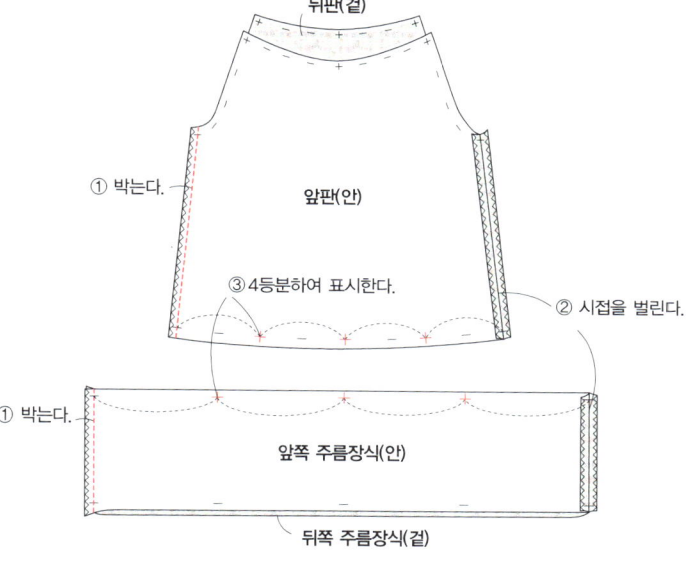

뒤판(겉)

① 박는다.

앞판(안)

③ 4등분하여 표시한다.

② 시접을 벌린다.

① 박는다.

앞쪽 주름장식(안)

뒤쪽 주름장식(겉)

2 주름장식의 밑단을 박는다.

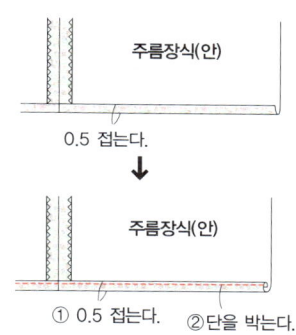

주름장식(안)

0.5 접는다.

주름장식(안)

① 0.5 접는다.

② 단을 박는다.

3 몸판과 주름장식을 박는다.

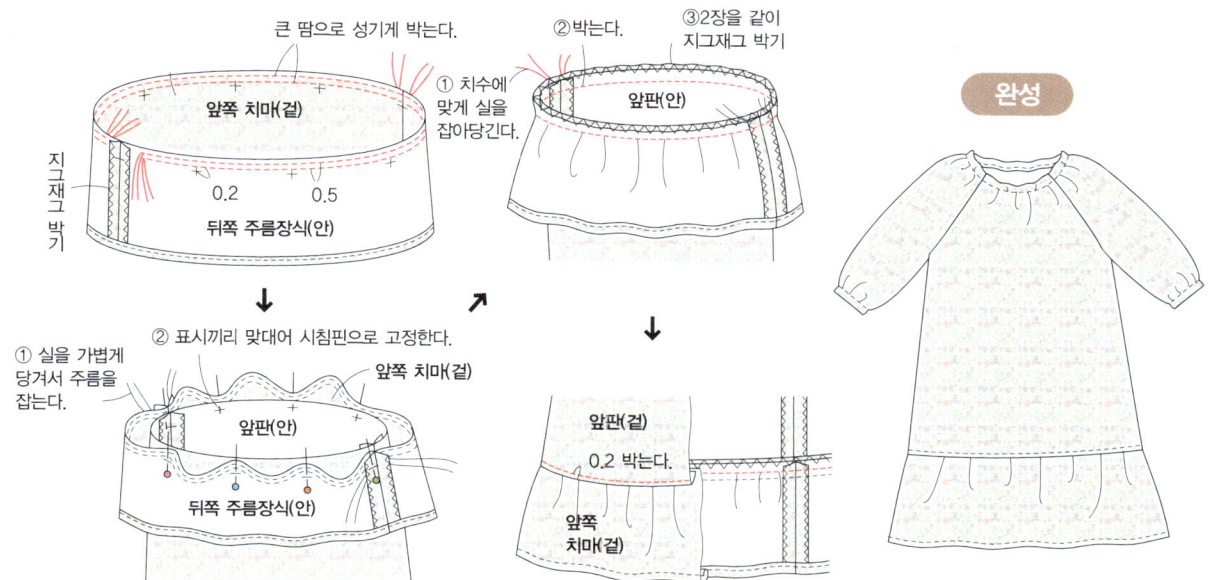

큰 땀으로 성기게 박는다.

앞쪽 치마(겉)

지그재그 박기

0.2   0.5

뒤쪽 주름장식(안)

① 치수에 맞게 실을 잡아당긴다.

② 박는다.

③ 2장을 같이 지그재그 박기

앞판(안)

완성

① 실을 가볍게 당겨서 주름을 잡는다.

② 표시끼리 맞대어 시침핀으로 고정한다.

앞쪽 치마(겉)

앞판(안)

뒤쪽 주름장식(안)

앞판(겉)

0.2 박는다.

앞쪽 치마(겉)

63

귀여운 시폰 주름 튜닉

얇은 폴리에스테르 시폰 소재로 만든 튜닉이에요. 여름은 물론이고, 스웨터를 받쳐 입으면 겨울까지 입을 수 있는 활용도가 높은 아이템이지요. 밑단에 주름을 잡아 귀여움을 더했어요.

❤ 만든 이 : 오타 히데미
❤ 실물 크기의 옷본 수록

제천으로 만든 리본을 달아 장식했어요.

재료		S	M	L
옷감 (폴리에스테르 시폰)	110cm 폭	1m 80cm	1m 90cm	2m
고무줄	0.6cm 폭	70cm	80cm	80cm
바이어스테이프	12.7mm 폭	1m 20cm	1m 20cm	1m 30cm
● 완성 치수	전체 길이	69.4cm	72.7cm	75.2cm
	가슴	98cm	104cm	110cm
	소매길이	24.3cm	25cm	25.5cm

= 실물 크기의 옷본
● = S치수
● = M치수
● = L치수
● = 공통

· 실물 크기의 옷본은 A면의 no.17을 사용하세요.
· 리본은 시접을 두지 않고 마름질하세요.

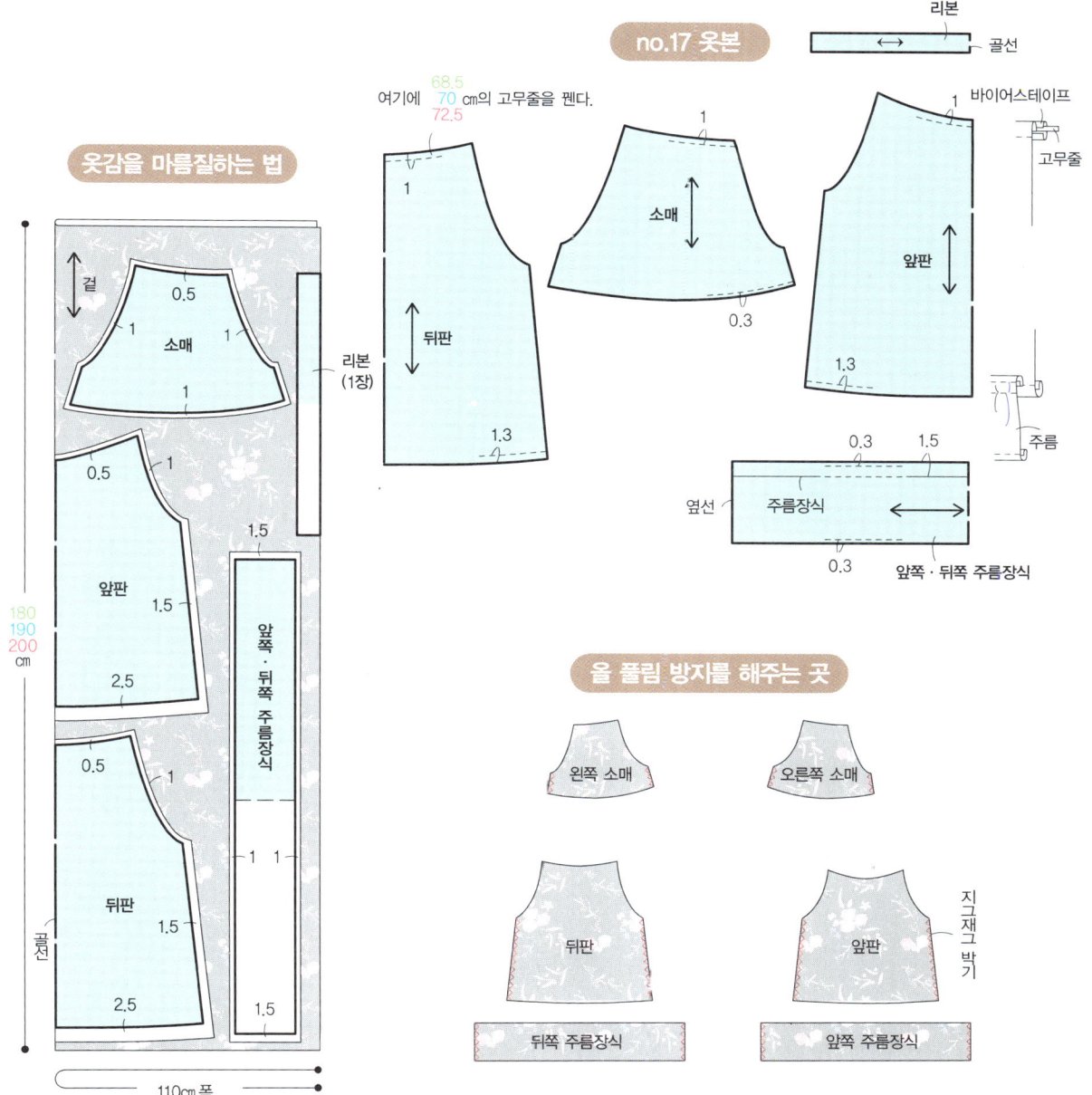

옷감을 마름질하는 법

no.17 옷본

여기에 68.5 / 70 / 72.5 cm의 고무줄을 꿴다.

울 풀림 방지를 해주는 곳

왼쪽 소매 오른쪽 소매

뒤판 앞판

뒤쪽 주름장식 앞쪽 주름장식

만드는 순서

1 옆선을 박는다.(주름장식의 옆선도 박는다.)
2 주름장식을 만든다.
3 몸판과 주름장식을 박는다.
4 소맷부리를 박는다.

5 몸판과 소매를 박는다.
6 목둘레선의 시접을 감싸고, 고무줄을 꿴다.
7 리본을 만들어 단다.

* 🔵 은 58~60쪽의 설명을 참조하세요.

1 옆선을 박는다.(주름장식의 옆선도 박는다.)

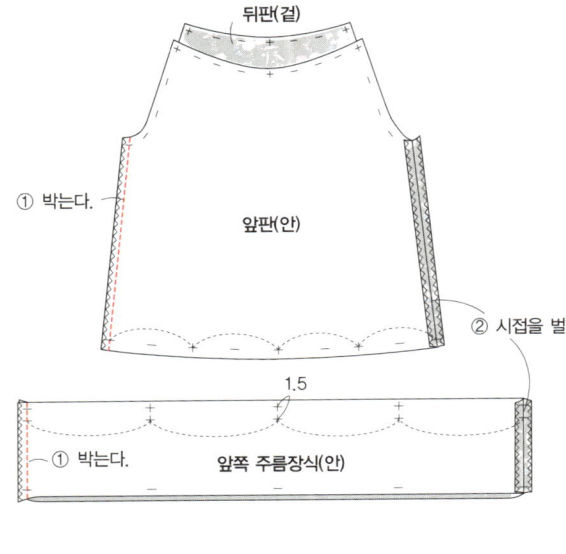

뒤판(겉)
① 박는다.
앞판(안)
② 시접을 벌린다.
1.5
① 박는다.
앞쪽 주름장식(안)

2 주름장식을 만든다.

앞쪽 주름장식(겉) 세겹말아박기

바늘땀 1.5로 성기게 박기

세겹말아박기

주름장식(안) (안)
0.5 접는다. ① 0.5 접는다. ② 단을 박는다.

3 주름장식에 주름을 잡고, 몸판과 박는다.

앞판(겉)
1.8
1.3
세겹말아박기

앞판(겉)
앞쪽 주름장식(겉)

앞판(겉)
1.5
성기게 박은 실을 잡아당겨 주름을 잡는다.

완성

리본을 묶어 원하는 위치에 단다.

세겹말아박기

스퀘어 네크라인 튜닉

목둘레가 예뻐 보이는 스퀘어 네크라인 튜닉이에요.
깨끗하면서도 단아한 느낌을 주는 면 레이스로 만들었어요.
소매를 살짝 부풀려서 여름에 시원하게 입을 수 있어요.

🐾 만든 이 : 스미타니 유키쓰코　🐾 만드는 법 : p.70
🐾 실물 크기의 옷본 수록

18

데님 원피스

데님으로 만든 원피스예요. 스퀘어 네 크라인 튜닉(no.18)의 길이를 늘이고, 소매 모양을 다르게 디자인했답니다. 연출하기에 따라서 사계절 내내 입을 수도 있어요.

🐾 만든 이 : 스미타니 유키쓰코
🐾 만드는 법 : p.70
🐾 실물 크기의 옷본 수록

19

블루 스퀘어 원피스

데님 원피스(no.19)를 다른 옷감으로 만들었습니다.
민무늬와 격자무늬의 조합이 깔끔하게 잘 어울립니다.

❦ 만든 이 : 스미타니 유키쓰코 ❦ 만드는 법 : p.70
❦ 실물 크기의 옷본 수록

20

재료		S	M	L
옷감 (면 레이스)	102cm 폭	1m 80cm	1m 90cm	2m
접착심지	90cm 폭	40cm	40cm	40cm
● 완성 치수	전체 길이	71.5cm	74.5cm	77.5cm
	가슴	108cm	114cm	120cm
	소매 길이	20.3cm	21cm	21.6cm

· 실물 크기의 옷본은 A면의 no.18을 사용하세요.

no.18의 재료

❶ 옷감 ❷ 접착심지

no.18 옷본

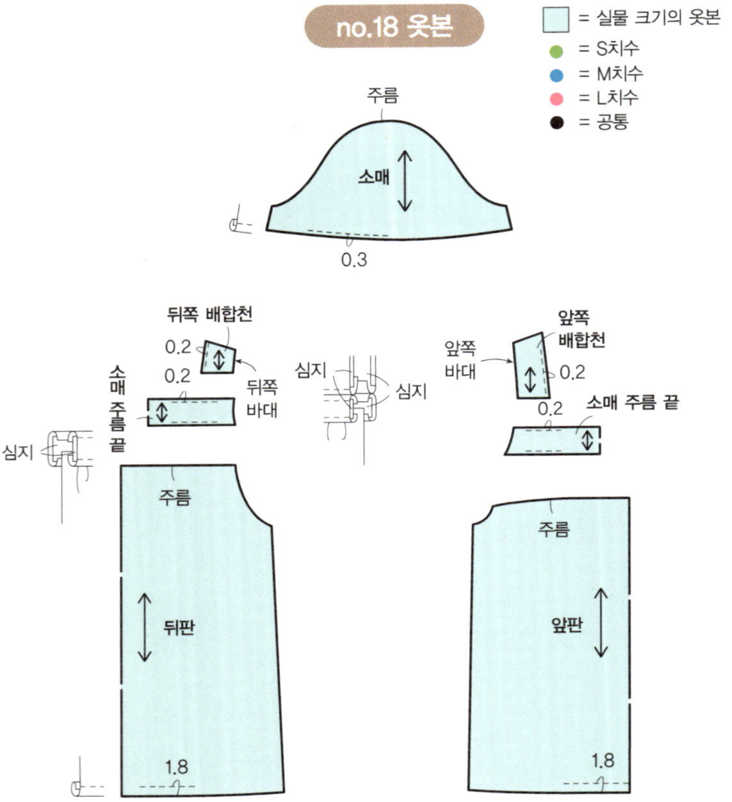

= 실물 크기의 옷본
= S치수
= M치수
= L치수
= 공통

주름

소매

0.3

뒤쪽 배합천
0.2
0.2
뒤쪽 바대

소매 주름 끝

심지 심지

앞쪽 배합천
앞쪽 바대
0.2
0.2
소매 주름 끝

심지

소매 주름 끝

심지

주름

뒤판

1.8

주름

앞판

1.8

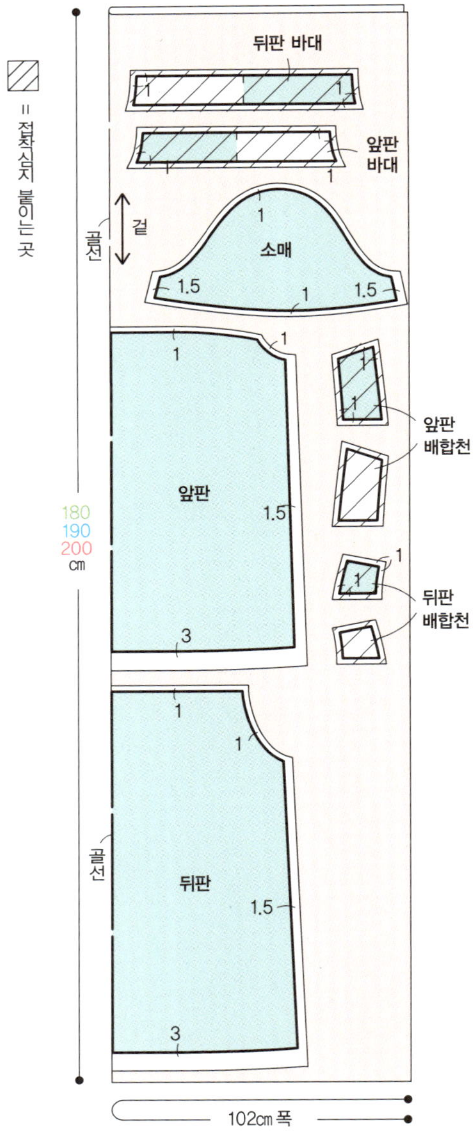

올 풀림 방지를 해주는 곳

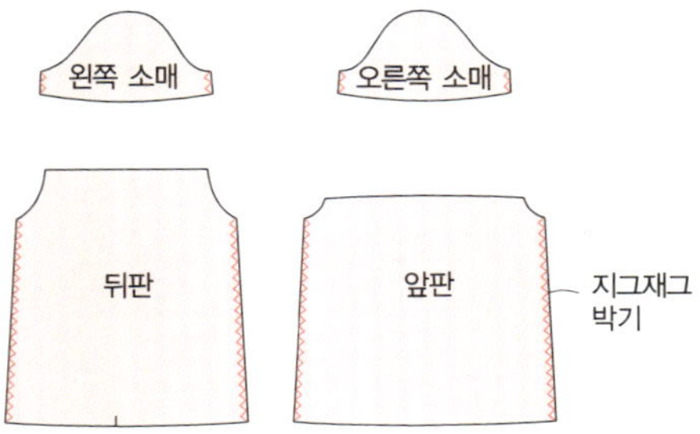

왼쪽 소매   오른쪽 소매

뒤판   앞판   지그재그 박기

옷감을 마름질하는 법

= 접착심지 붙이는 곳

뒤판 바대

앞판 바대

골선

걸

소매
1
1.5   1   1.5

1   1

앞판
1.5

3

앞판 배합천
1

뒤판 배합천
1

180
190
200
cm

1
1

골선

뒤판
1.5

3

102cm 폭

재료		S	M	L
no.19 옷감 (6.5온스 데님)	112cm 폭	2m 60cm	2m 70cm	2m 80cm
no.20 옷감 (선염 면마)	110cm 폭	2m 40cm	2m 40cm	2m 50cm
no.20 별천 (선염 면마)	110cm 폭	40cm	40cm	40cm
접착심지	90cm 폭	40cm	40cm	40cm
● 완성 치수	전체 길이	96cm	100.5cm	104.5cm
	가슴	108cm	114cm	120cm
	소매 길이	43.2cm	45.5cm	46.4cm

■ = 실물 크기의 옷본
● = S치수
● = M치수
● = L치수
● = 공통

· 실물 크기의 옷본은 A면의 no.19 · 20을 사용하세요.

no.19 · 20 옷본

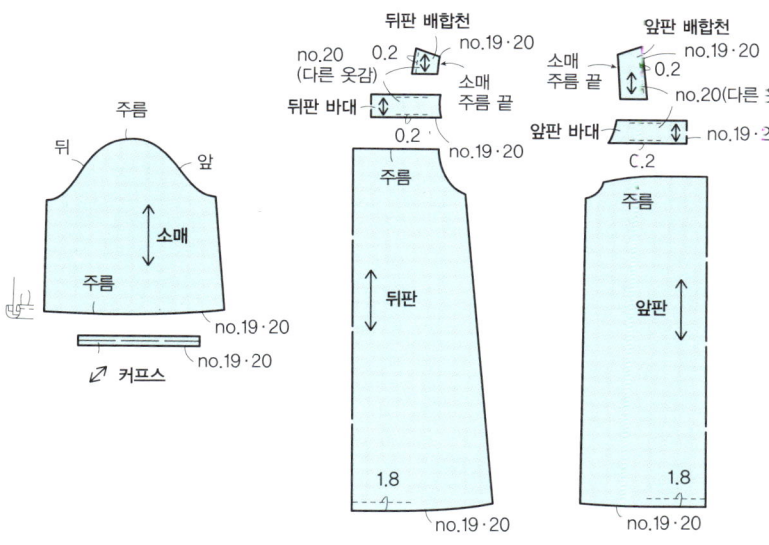

no.19 · 20 옷감을 마름질하는 법

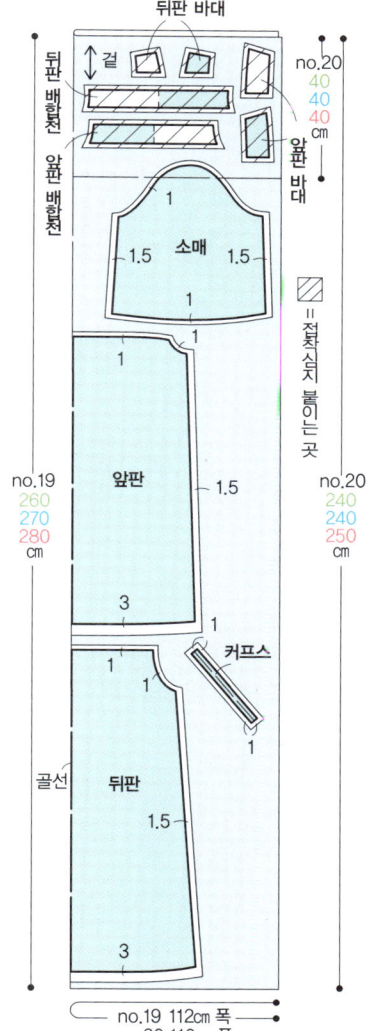

no.20
40
40
40
cm

no.19
260
270
280
cm

no.20
240
240
250
cm

= 접착심지 붙이는 곳

no.19 112cm 폭
no.20 110cm 폭

올 풀림 방지를 해주는 곳

왼쪽 소매

오른쪽 소매

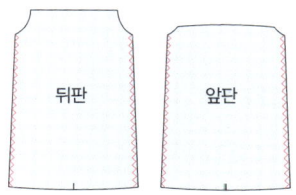
뒤판 　 앞단

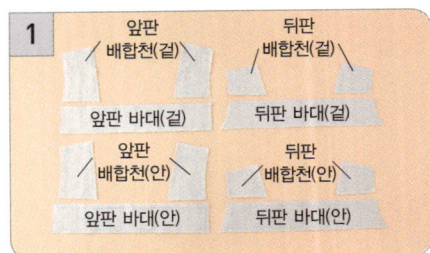

접착심지를 붙이고, 선과 기호를 넣어주세요.

33쪽의 접착심지 붙이는 법을 참조하여 접착심지를 붙이고, 여러 가지 선과 기호를 넣어주세요.

만들기 시작

1 어깨선을 박는다.

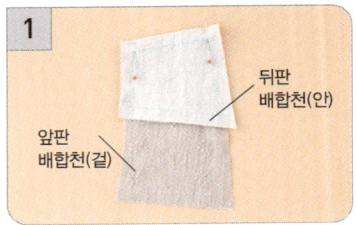

앞판 배합천과 뒤판 배합천의 겉끼리 맞대어 시침핀으로 고정해요.

시접까지 다 박아요.

시접을 좌우로 벌려가며 다리세요. 안쪽에 댈 배합천도 마찬가지로 작업해 주세요.

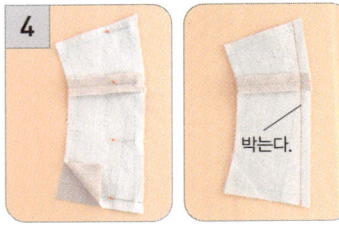

겉쪽과 안쪽의 배합천을 옷감의 겉끼리 맞대어 고정하세요. 목둘레선을 따라 박아주세요.

프레스 볼 위에 올려놓고 시접을 벌려요.

목둘레선을 깔끔하게 다림질해요.

2 배합천과 바대를 박는다.

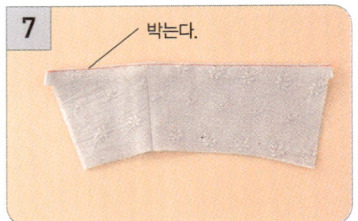

목둘레선의 단을 박아주세요.

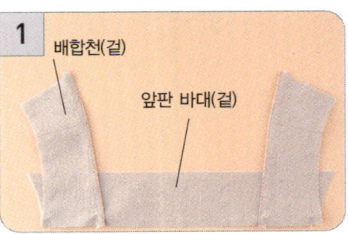

앞판 바대 위에 배합천을 올려놓고, 단을 맞추어 시침핀으로 고정해요.

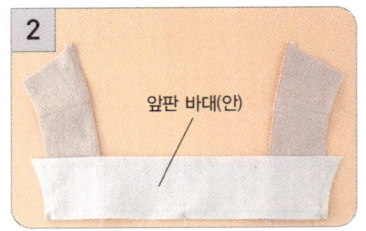

그 위에 앞판 바대를 올려놓고, 시침핀으로 고정해요.

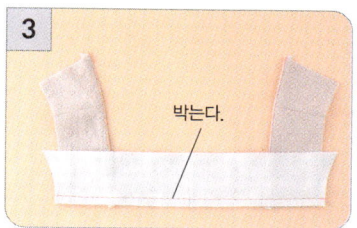

바대의 윗부분을 박아주세요.

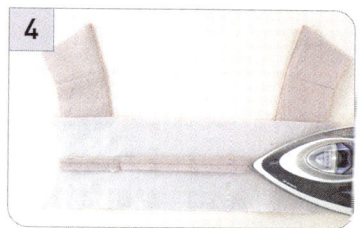

다리미로 시접을 벌려주세요.

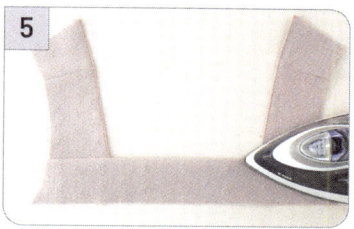

목둘레선을 다려요.

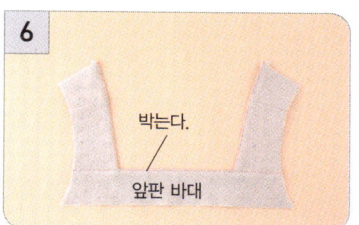

바대의 단을 박아요.

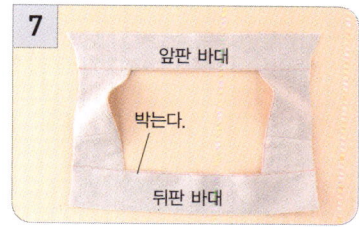

앞판 바대

박는다.

뒤판 바대

뒤판도 앞판과 마찬가지로 배합천을 끼워서 바대 윗부분을 박아요.

3 바대와 몸판을 박는다.

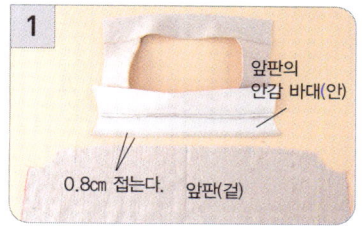

앞판의 안감 바대(안)

0.8cm 접는다.   앞판(겉)

바대와 앞판을 준비해요. 앞판의 안감이 될 바대의 시접을 0.8cm 접어주세요.

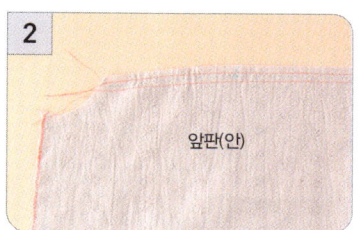

앞판(안)

완성선에서 위아래로 0.5cm 떨어진 곳을 큰 땀으로 성기게 박아요.

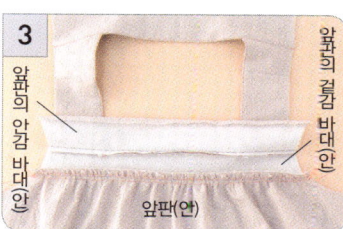

앞판의 겉감 바대(안)

앞판의 안감 바대(안)

앞판(안)

앞판에 주름을 잡고, 앞쪽 바대와 같이 박아요.(16~17쪽의 소맷부리 주름잡는 법 참조)

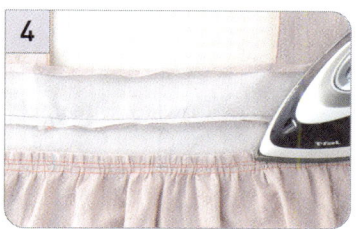

시접을 다려서 주름을 정리해요.

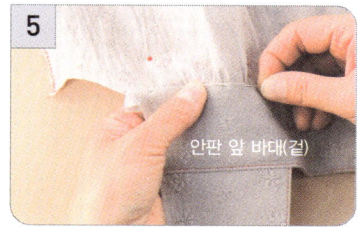

안판 앞 바대(겉)

안판 앞 바대를 얹어서 바대의 단을 시침해요.

앞판 바대(겉)

앞판 바대 쪽에서 들어간 시침실이 몸판을 지나는지 확인하세요.

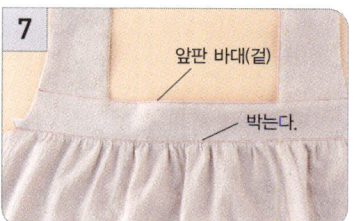

앞판 바대(겉)

박는다.

앞판 바대 쪽에서 단을 박아주세요. 뒤판도 마찬가지로 주름을 잡고 나서 뒤판 바대와 박아주세요.

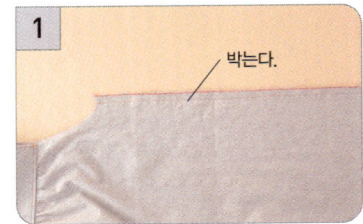

4 옆선을 박는다.

8

뒤판(겉)   앞판(겉)

박는다.

옷감이 고정되도록 소맷마루 둘레의 단도
박아주세요.

1

박는다.

앞판과 뒤판의 겉끼리 맞대어 놓고 옆선을
박아요.(14쪽의 옆선 박는 법 참조)

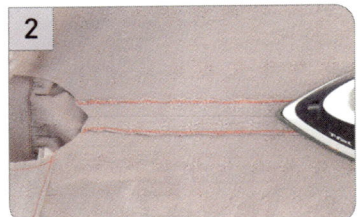

2

시접을 벌려요.

5 밑단을 박는다.

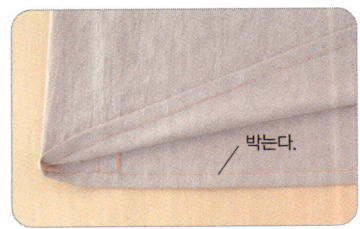

5

박는다.

16쪽의 밑단 박는 법을 참조해서 밑단을 박
으세요.

6 소매를 만든다.

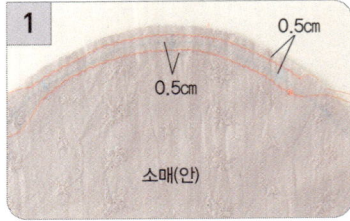

1

0.5cm

0.5cm

소매(안)

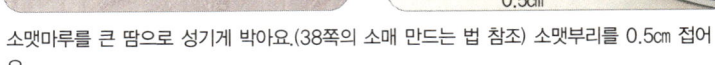

성기게 박는다.

소매(안)

0.5cm

소맷마루를 큰 땀으로 성기게 박아요.(38쪽의 소매 만드는 법 참조) 소맷부리를 0.5cm 접어
요.

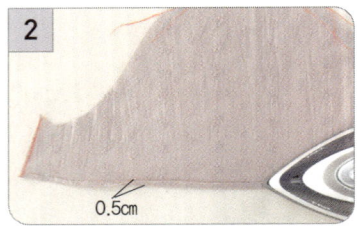

2

0.5cm

소맷부리를 다시 0.5cm 접어요.

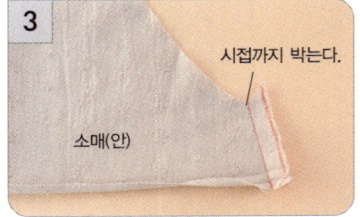

3

시접까지 박는다.

소매(안)

소매 옆선을 맞춰요. 시침핀으로 고정해 놓
고 박아주세요.

4

다림질로 시접을 벌리고, 튀어나오는 시접은
잘라요.

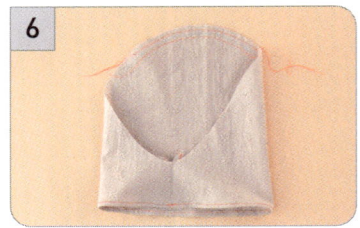

5

소맷부리를 다시 접어서 시침핀으로 고정하
고, 소매 옆선의 4~5땀 앞에서부터 박기
시작해요.

6

다 박으면 이런 모습이에요.

7 소매를 단다.

18~20쪽의 소매 다는 법을 참조해서 소매
를 단다.

작품을 만들기 전에 알아두세요

치수를 재는 방법과 참고 치수표

🌱 치수 재는 법 : 자연스럽고 편안한 자세로 서서 줄자로 가슴둘레, 허리둘레, 엉덩이둘레, 등길이 등을 정확하게 재주세요.

준비물

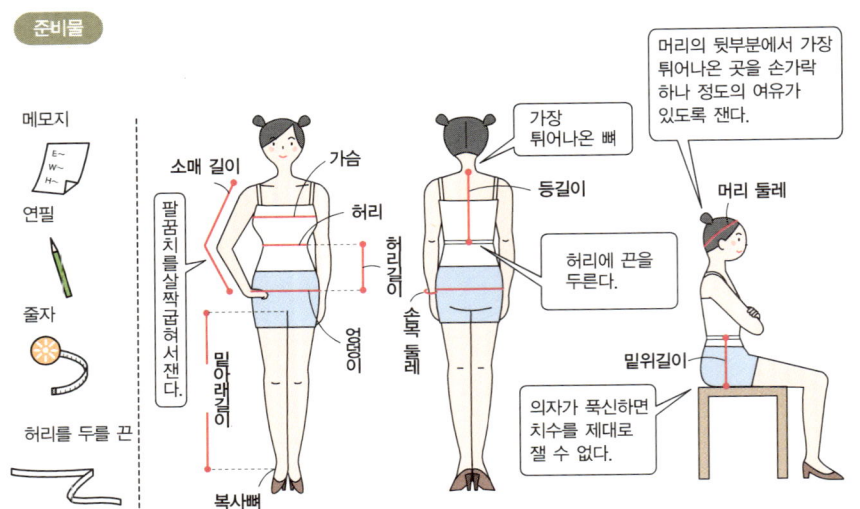

메모지

연필

줄자

허리를 두를 끈

머리의 뒷부분에서 가장 튀어나온 곳을 손가락 하나 정도의 여유가 있도록 잰다.

소매 길이

팔꿈치를 살짝 굽혀서 잰다.

가슴

허리

허리길이

엉덩이

밑아래길이

복사뼈

가장 튀어나온 뼈

등길이

허리에 끈을 두른다.

손목 둘레

의자가 푹신하면 치수를 제대로 잴 수 없다.

머리 둘레

밑위길이

여성의 치수 표

	S	M	L
가슴	76	82	88
허리	60	64	70
엉덩이	84	88	94
손목 둘레	15	16	17
머리 둘레	56	57	58
키	152	158	163
등길이	37	38	39
허리길이	17	18	19
밑위길이	25	26	27
밑아래길이	63	67	70
소매 길이	50	53	54

*단위 cm

제도 기호

────────	완성선	←──────→	식서 방향(천의 세로 방향)	
────────→	안내선	⌒⌒	등분선, 치수가 같음을 나타내는 표시	
─ ─ ─ ─ ─	안단선	∅ ● ○ × △	옷본을 이 기호끼리 맞추라는 표시	
─ ── ─ ──	주름산 선	└	직각	
─ ─── ─ ───	골선	○ 단추	＋ 똑딱단추	

· 주름잡는 법
빗금의 높은 쪽에서 낮은 쪽으로 천을 접는다.

완성 치수에 관하여

🌱 이 책에 실린 작품의 완성 치수는 아래의 방법대로 잰 치수입니다.

🌱 완성 치수에 레이스는 포함되어 있지 않아요.

웃옷일 때

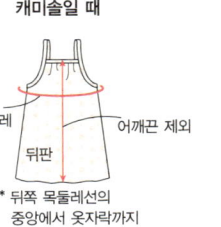

셔츠 소매일 때
소매 길이
뒤판

래글런 소매일 때
가슴둘레
소매 길이
뒤판

캐미솔일 때
어깨끈 제외
가슴둘레
뒤판

* 뒤쪽 목둘레선과 어깨선이 만나는 지점에서 옷자락까지

* 뒤쪽 목둘레선의 중앙에서 옷자락까지

치마일 때
치마 길이
앞쪽

바지일 때
앞쪽
바지 길이
엉덩이둘레

* 치마나 바지의 길이는 위쪽 가장자리에서 옷자락 끝까지

76

바느질의 기초

옷본을 만들 때 필요한 도구

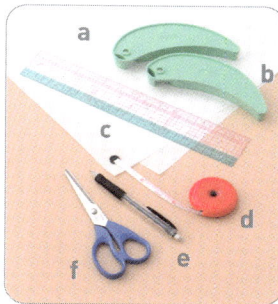

a 재단종이(패턴지 등)
실물 크기의 옷본을 그릴 때 사용해요. 얇고 잘 번지지 않는 종이가 좋아요.

b 문진(fabric weight)
실물 크기의 옷본을 그릴 때 종이와 종이, 종이와 옷감이 어긋나지 않게 눌러줘요.

c 모눈자
평행선이 그어진 투명한 자는 수직선을 긋기도 좋고, 시접 치수도 정확하게 그을 수 있어요.

d 줄자
유리섬유로 만든 줄자를 사용하면 언제나 정확하게 잴 수 있답니다.

e 펜(연필)
실물 크기의 옷본을 그릴 때 사용해요. 심은 딱딱한 H 종류가 좋아요.

f 종이 자르는 가위
종이 전용 가위가 있으면 좋아요. 재단종이를 자를 때 쓰지요.

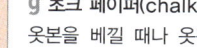

g 초크 페이퍼(chalk paper. 양면/편면)
옷본을 베낄 때나 옷감에 여러 가지 크기를 넣을 때 사용해요. 물에 지워지는 제품이 편하답니다.

h 초크 지우개 펜
실물 크기의 옷본을 그릴 때 종이와 종이, 종이와 옷감이 어긋나지 않게 눌러줘요.

i 수성 초크 펜
옷감에 선을 긋거나 여러 가지 표기를 넣을 때 사용해요. 물에 닿으면 지워져요.

j 소프트 룰렛
초크 페이퍼로 옷감에 본을 그릴 때 사용해요. 톱니가 둥글어서 본이나 초크 페이퍼가 찢어지지 않지요.

바느질에 필요한 도구

k 재단 가위
손에 잘 맞아야 오래 사용해도 아프지 않아요. 칼날이 좋은 가위는 오랫동안 잘 잘린답니다.

l 쪽 가위
가볍고, 칼날이 앞뒤로 벌어지지 않아야 쓰기 좋아요.

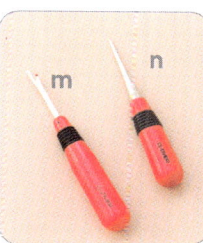

m 실뜯개(ripper)
솔기, 매듭, 시침, 재봉 등의 실을 뜯어낼 때 편리해요.

n 송곳
각을 잡을 때, 재봉틀로 박을 때, 실을 뜯을 때 섬세한 작업을 도와줘요.

o 바늘꽂이
바늘이나 핀 등을 꽂아두면 잃어버리거나 녹스는 것을 방지할 수 있어요.

p 시침핀
바늘귀 대신에 유리로 만든 작은 손잡이가 붙어 있어요. 가늘어야 얇은 천에 쓰기 좋아요.

q 시침실
옷감을 가볍게 고정했다가 재봉틀로 다시 박기 때문에 시침할 때는 실을 한 가닥만 써도 충분해요.

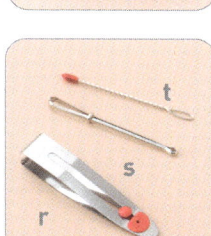

r 폭이 넓은 실끼우개
1.5㎝ 폭 이상의 고무줄도 끼울 수 있어요.

s 끈끼우개(족집게식)
족집게처럼 집어서 끼우면 편리해요.

t 끈끼우개(유리구슬식)
고리에 묶어서 끼우면 편리해요.

u 재봉틀
사용하기 편리하고, 깔끔하게 박히는 제품으로 고르세요.

V 다리미판
겉면은 딱딱한 편이 좋아요. 너무 푹신하면 다리미의 열이 골고루 전해지지 않거든요. 겉면이 더러워지지 않도록 덮개를 씌워주는 편이 좋아요. 덮개가 더러워지면 빨아주세요.

W 프레스 볼(press ball)
가슴, 허리, 어깨 등 입체감을 살려서 다려야 할 때 사용해요. 두루마리 화장지에 수건을 감아서 사용해도 돼요.

X 다리미
스팀 조절이 자유롭고 가벼운 제품이 좋아요. 옷감 준비에서 마무리까지, 다림질은 옷 만들기에서 빼놓을 수 없는 도구에요.

여러가지 옷감

브로드클로스(broadcloth)
광택이 있는 평직 면직물이에요. 다루기가 쉬워서 블라우스나 원피스 등 폭넓게 사용해요.

마(linen)
통기성이 좋아서 입으면 산뜻한 느낌이 들어요. 식물의 줄기에서 뽑은 아마로 만들지요.

더블 거즈(double gauze)
부드러운 평직 면직물이에요. 어른 옷은 물론이고 아이들 옷에도 많이 사용해요.

데님(denim)
겉면에 비스듬한 골이 보이는 아주 튼튼한 옷감이에요.

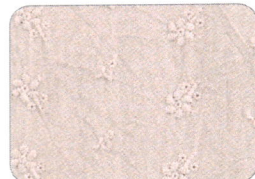

면 레이스(cotton lace)
면직물에 레이스가 들어가서 고급스럽고 섬세한 느낌이 들지요.

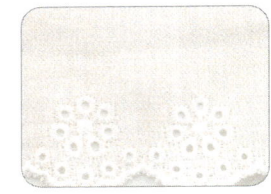

보더 레이스(border lace)
가장자리에만 레이스가 들어간 옷감이에요. 레이스 부분을 소맷부리나 밑단으로 활용해 보세요.

* 옷감의 겉과 안을 구별하는 법
· 식서 조직에 글자가 있다면, 그 글자를 읽을 수 있는 쪽이 겉(표면)이에요.
· 식서 조직에 바늘구멍이 있다면, 그 구멍이 뾰족한 쪽이 겉이에요(예외인 수입품도 있어요).
· 염색의 색이나 무늬가 선명한 쪽이 겉이에요

옷감 다루는 법

면과 마와 같은 천연섬유는 수분이 닿으면 줄어들어요. 반드시 재단하기 전에 물에 충분히 담갔다가 말려서 사용하세요. 말릴 때는 겉끼리 맞대어 응달에서 말리고, 다릴 때는 올을 바로 잡아가면서 세로, 가로 방향으로 다려야 해요.

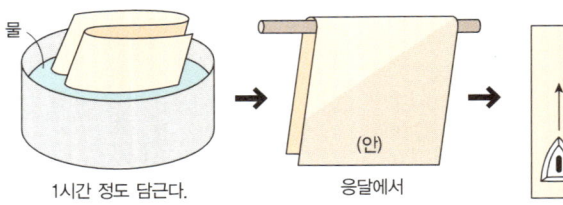

1시간 정도 담근다.　응달에서　완전히 마르기 전에 올 방향으로 다린다.

실과 바늘

재봉 실 폴리에스테르 스판덱스 60번
실이 튼튼해서 여러 옷감에 두루두루 사용할 수 있어요. 옷감과 딱 맞는 색이 없다면 산뜻한 옷감에는 연한 색을 쓰고, 탁한 색의 옷감에는 진한 색을 써보세요.

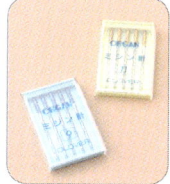

재봉 바늘 9호, 11호
얇은 천에는 9호 바늘을 쓰세요. 마나 소프트 데님과 같은 옷감에는 11호가 적당해요.

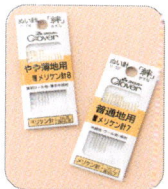

손바느질용 바늘 7호, 8호
얇은 천에는 8호 바늘을 쓰세요. 중간 천이나 두꺼운 천에는 7호가 좋아요.

손바느질용 실 단추 다는 실과 손바느질용실
폴리에스테르 실은 여러 직물에 두루두루 사용할 수 있어요.

〈옷감을 마름질하는 법〉을 보는 방법

➳ 이 책에 실린 실물 크기 옷본에는 시접이 포함되어 있지 않아요. 시접 치수는 〈옷감을 마름질하는 법〉에 나와 있답니다.

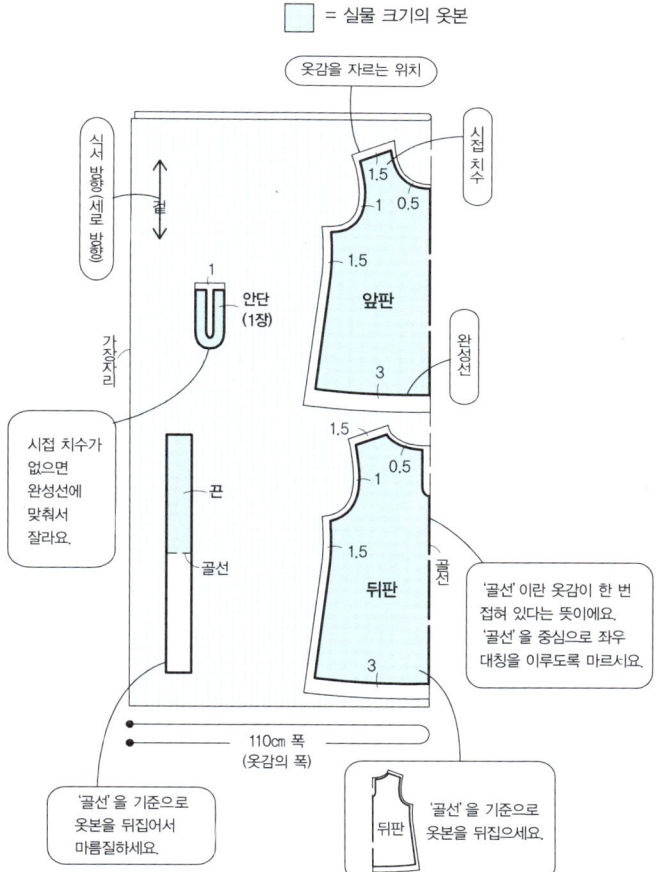

옷감의 방향

· **세로 방향** : 직물을 짤 때의 방향이 세로 방향이에요. 잘 늘어나지 않기 때문에 세로 방향에 맞춰서 마름질하면 옷의 모양이 틀어지지 않아요.

· **가로 방향** : 직물을 짤 때의 가로 방향이에요. 세로 방향보다 잘 늘어나요.

· **바이어스 방향** : 바이어스테이프를 만들 때는 45° 방향으로 잘라서 사용해요. 옷감이 가장 잘 늘어나는 방향이에요.

*바이어스테이프는 주로 목둘레선이나 소맷마루 둘레 등의 시접을 감쌀 때 사용해요.

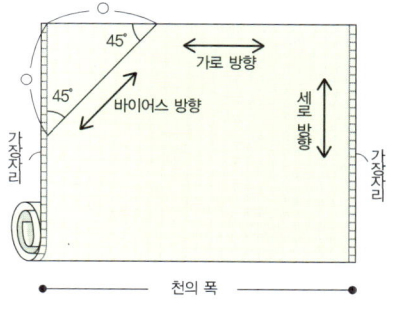

무늬 맞추는 법

무늬가 작을 때는 무늬 맞춤을 하지 않아도 돼요. 그러나 줄무늬나 큰 격자무늬 옷감을 사용할 때는 꼭 무늬 맞춤을 해주세요.

→ 세로 방향 맞추는 법

· 앞 중심과 뒤 중심을 맞추세요.

→ 가로 방향 맞추는 법

· 앞판의 어깨선에서 8~10㎝ 위치, 소맷마루에서 8~10㎝ + 여유분의 위치를 맞추세요.
· 앞판의 옆선에 맞춰서 뒤판의 옆선을 결정해요.
· 치마나 바지는 엉덩이선을 중심으로 무늬를 맞춰요.

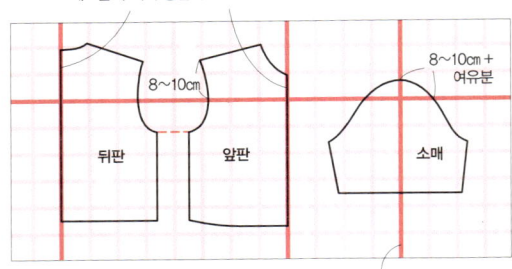

세로줄 무늬의 중심에 몸판의 중심선을 맞춘다.

8~10㎝

8~10cm + 여유분

뒤판　앞판　소매

세로줄 무늬의 중심에 소매의 중심선을 맞춥니다.

접착심지 붙이는 법

· 접착심지를 잘 붙이려면 다리미를 밀지 말고, 다리미 면적을 절반씩 겹쳐가면서 틈이 생기지 않도록 눌러주세요.

→ 다리는 법

반드시 얇은 면포나 재단종이를 깔고 다리세요.

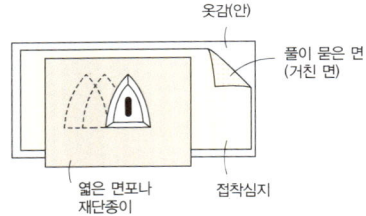

옷감(안)

풀이 묻은 면
(거친 면)

얇은 면포나
재단종이

접착심지

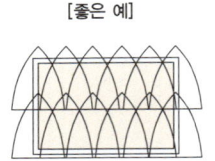

[좋은 예]

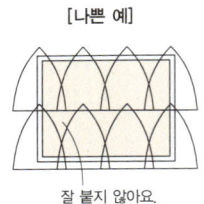

[나쁜 예]

잘 붙지 않아요.

바이어스테이프(bias tape)의 종류

→ 바이어스테이프란?

식서 방향과 45°를 이루도록 테이프 모양으로 마른 옷감을 말해요.

· 일반 바이어스테이프
양쪽 가장자리가 맞닿도록 접어서 목둘레선, 소맷마루 둘레 등에 사용해요.

· 반만 접은 바이어스테이프
주머니의 입구나 이불의 단에는 바이어스테이프의 양쪽 가장자리를 반만
접어서 사용해요.

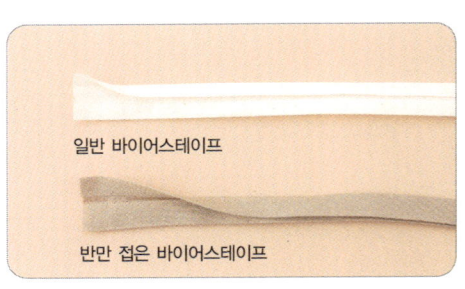

일반 바이어스테이프

반만 접은 바이어스테이프

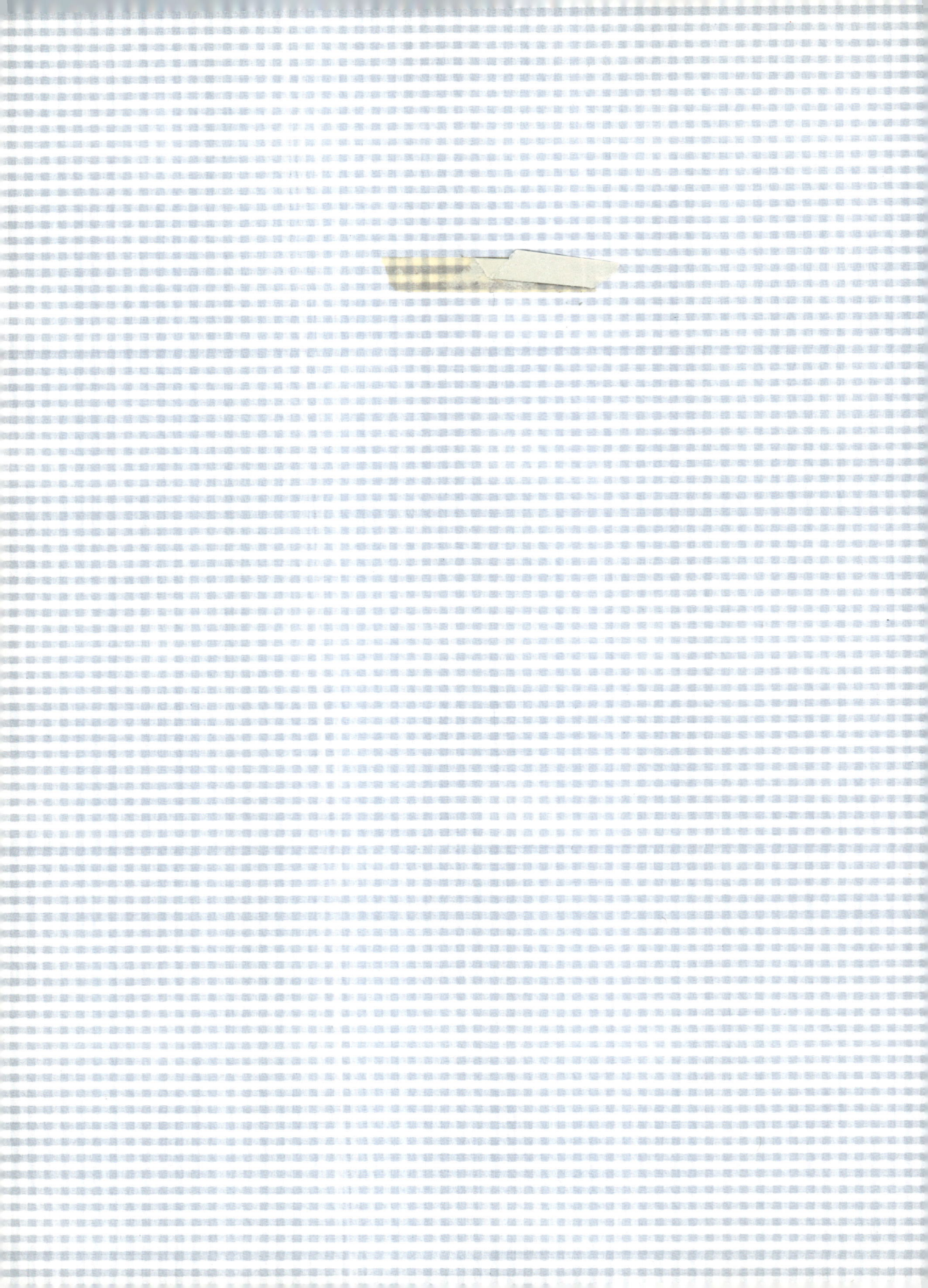